Schneewind/Böhmert
Kinder im Grundschulalter kompetent erziehen

Aus dem Programm Verlag Hans Huber
Psychologie Sachbuch

Wissenschaftlicher Beirat:
Prof. Dr. Dieter Frey, München
Prof. Dr. Lutz Jäncke, Zürich (CH)
Prof. Dr. Meinrad Perrez, Freiburg (CH)
Prof. Dr. Franz Petermann, Bremen
Prof. Dr. Hans Spada, Freiburg i. Br.

W0347769

HUBER

Von Klaus A. Schneewind und Beate Böhmert sind im Verlag Hans Huber ebenfalls erschienen:

«Kinder im Vorschulalter kompetent erziehen»
Der interaktive Elterncoach «Freiheit in Grenzen»
208 Seiten, inkl. DVD (ISBN 978-3-456-84585-2)

«Jugendliche kompetent erziehen»
Der interaktive Elterncoach «Freiheit in Grenzen»
208 Seiten, inkl. DVD (ISBN 978-3-456-84586-9)

«Freiheit in Grenzen»-Set – alle drei Bände zusammen
(ISBN 978-3-456-84725-2)

Im Verlag Hans Huber sind außerdem erschienen – eine Auswahl:

Gustav Keller
Disziplinmanagement in der Schulklasse
Unterrichtsstörungen vorbeugen – Unterrichtsstörungen bewältigen
128 Seiten (ISBN 978-3-456-84583-8)

Monika Löhle
Wie Kinder ticken
Vom Verstehen zum Erziehen
332 Seiten (ISBN 978-3-456-84496-1)

Urs Fuhrer
Erziehungskompetenz
Was Eltern und Familien stark macht
350 Seiten (ISBN 978-3-456-84370-4)

Jürg Frick
Die Droge Verwöhnung
Beispiele, Folgen, Alternativen
Mit einem Vorwort von Jürg Rüedi
176 Seiten (ISBN 978-3-456-84171-7)

Ulrike Stedtnitz
Mythos Begabung
Vom Potenzial zum Erfolg
Mit einem Vorwort von Prof. Lutz Jäncke
211 Seiten (ISBN 978-3-456-84445-9)

Informationen über unsere Neuerscheinungen finden Sie im Internet unter:
www.verlag-hanshuber.com

Klaus A. Schneewind
Beate Böhmert

Kinder im Grundschulalter kompetent erziehen

Der interaktive Elterncoach «Freiheit in Grenzen» inklusive DVD

2., überarbeitete Auflage

Verlag Hans Huber

Adressen der Autoren:

Prof. Dr. Klaus A. Schneewind
Ludwig-Maximilians-Universität München
Department Psychologie
Leopoldstrasse 13
DE-80802 München
E-Mail: Schnee@psy.uni-muenchen.de

Dipl.-Psych. Beate Böhmert
Ludwig-Maximilians-Universität München
Department Psychologie
Leopoldstrasse 13
DE-80802 München
E-Mail: Boehmert@psy.uni-muenchen.de

Lektorat: Monika Eginger
Herstellung: Daniel Berger
Umschlag: Claude Borer, Basel
Satz: Claudia Wild, Stuttgart
Druck und buchbinderische Verarbeitung: AZ Druck und Datentechnik GmbH, Kempten
Printed in Germany

Bibliografische Information der Deutschen Bibliothek
Die Deutsche Bibliothek verzeichnet diese Publikation in der Deutschen Nationalbibliografie; detaillierte bibliografische Daten sind im Internet über http://dnb.d-nb.de abrufbar.

Dieses Werk, einschließlich aller seiner Teile, ist urheberrechtlich geschützt. Jede Verwertung außerhalb der engen Grenzen des Urheberrechtes ist ohne Zustimmung des Verlages unzulässig und strafbar. Das gilt insbesondere für Vervielfältigungen, Übersetzungen, Mikroverfilmungen sowie die Einspeicherung und Verarbeitung in elektronischen Systemen.

Anregungen und Zuschriften bitte an:
Verlag Hans Huber
Hogrefe AG
Länggass-Strasse 76
CH-3000 Bern 9
Tel: 0041 (0)31 300 45 00
Fax: 0041 (0)31 300 45 93

2., überarbeitete Auflage 2009
© 2009/2008 by Verlag Hans Huber, Hogrefe AG, Bern
ISBN 978-3-456-84791-7

Inhaltsverzeichnis

Vorwort

Einige Sachbuch-Bestseller machen uns glauben, dass wir in unseren Landen unter einem «Erziehungsnotstand» oder gar einer «Erziehungskatastrophe» leiden. Auch wenn es stimmt, dass psychische Probleme von Kindern zugenommen haben, sollten wir mit Katastrophenphantasien vorsichtig sein. Immerhin gilt nach wie vor für den überwiegenden Teil unserer Kinder, dass sie glücklich sind und in einem positiven Familienumfeld aufwachsen. Trotzdem ist der Bedarf nach Unterstützung der Eltern unübersehbar. Viele Eltern sind verunsichert, weil sie nicht wissen, wie sie «richtig» erziehen sollen. Die Nachfrage nach Erziehungsratgebern ist ein deutlicher Beleg dafür.

Was «richtige» oder «gute» Erziehung ist, müssen Eltern allerdings letztlich für sich selbst entscheiden. Insofern versteht sich dieses Buch mit seinem interaktiven DVD-Elterncoach als ein Angebot, die eigene Erziehungsstrategie zu klären und mit seiner Hilfe Anregungen für konkretes Erziehungshandeln zu geben. Hierzu werden bei einer «ganz normalen» Familie mit zwei Kindern im Grundschulalter fünf typische Erziehungssituationen in kurzen Filmszenen dargestellt. Für jedes dieser fünf Erziehungsprobleme werden – wiederum in kurzen Filmsszenen – drei Lösungsmöglichkeiten angeboten und anschließend kommentiert. Auf diese Weise können Eltern, die sich dem DVD-Elterncoach anvertrauen, selbst entscheiden, welche Lösungsvariante für sie die günstigste ist. Darüber hinaus stellen wir in diesem Buch einige grundsätzliche Überlegungen zum Thema «Erziehung» an und statten den interaktiven DVD-Elterncoach mit einer Reihe von Selbsttests und Reflexionsübungen aus, die zu einer vertieften Beschäftigung mit dem eigenen Erziehungsalltag anregen sollen. So können Eltern von Grundschulkindern sich am häuslichen Fernseher oder Computer auf animierende Weise mit einer Reihe von Erziehungsproblemen beschäftigen, die für diese Altersgruppe charakteristisch sind, ohne einen Elternkurs buchen zu müssen. Trotzdem unterbreiten wir aber auch einen Vorschlag, wie sich der DVD-Elterncoach im Rahmen von professionell durchgeführten Elterntrainings einsetzen lässt.

Dass der interaktive DVD-Elterncoach überhaupt das Licht der Welt erblicken konnte, verdanken wir vor allem der finanziellen Unterstützung zur Produktion der DVD durch das Bayerische Staatsministerium für Arbeit und Sozialordnung, Familie und Frauen. Im Impressum der DVD sind alle Personen und Institutionen aufgeführt, die an der Produktion mitgewirkt haben. Ohne an dieser Stelle im Einzelnen auf sie eingehen zu können, danken wir allen Beteiligten dafür, dass sie mit ihrem besonderen Engagement zum Gelingen des Projekts beigetragen haben. Nicht zuletzt gilt unser Dank auch dem Verlag Hans Huber, der sich darauf eingelassen hat, den DVD-Elterncoach für Eltern von Grundschulkindern in sein Programm aufzunehmen. Es freut uns, dass inzwischen die zweite und – abgesehen von einigen Verbesserungen – im Wesentlichen unveränderte Auflage erscheinen kann. Zusammen mit den inzwischen ebenfalls erschienenen DVD-Elterncoachs für Eltern von Vorschulkindern und Jugendlichen können nunmehr konkrete alterspezifische Erziehungsthemen ab der Altersgruppe der Dreijährigen bis zum Jugendalter anhand der filmisch dargestellten Szenarien ausführlich behandelt werden.

München, im Juni 2009

Klaus A. Schneewind
Beate Böhmert

1 Erziehung – ein schwieriges Geschäft!?

Nachdenken über Erziehung und Bildung hat derzeit Konjunktur – wieder einmal. Vielleicht auch deswegen, weil Erziehung und Bildung zum Problem geworden ist – wieder einmal. Gleichzeitig mit der nachdenklich stimmenden Publikation der ersten internationalen Schülervergleichsstudie PISA mit ihren vor allem für deutsche Schülerinnen und Schüler wenig schmeichelhaften Befunden (vgl. Baumert, 2001) fanden sich einige Bücher auf den Bestsellerlisten, die über eine «Erziehungskatastrophe» (Gaschke, 2001) oder einen «Erziehungsnotstand» (Gerster & Nürnberger, 2001) in unseren Landen klagten. Dass Erziehung und Bildung in den Blickpunkt des öffentlichen Interesses gerückt sind, hat mit folgender Ausgangssituation zu tun.

Auf der einen Seite besteht ein breiter gesellschaftlicher Konsens darüber, dass die nachwachsende Generation eines Landes das wichtigste «Humanvermögen» ist, um in einer zunehmend globalisierten Welt bestehen zu können. Dies besagt, dass Kinder und Jugendliche über entsprechende Voraussetzungen wie Leistungsbereitschaft, Wissens- und Handlungskompetenzen oder soziale Fähigkeiten verfügen sollten, um für zukünftige Herausforderungen gerüstet zu sein.

Auf der anderen Seite zeigt sich, dass immer mehr Kinder und Jugendliche Persönlichkeits- und Verhaltensstörungen aufweisen. Hierzu einige Belege:

- Nach einer Literaturübersicht von Petermann (2002) liegt die Rate für unterschiedliche psychische Störungen von Kindern und Jugendlichen (z. B. aggressives Verhalten, soziale Ängste, hyperkinetische Störungen) zwischen 18 % und 27 %.
- In einer epidemiologischen Untersuchung an knapp 4400 Einschulungskindern wurden 77 % aller Kinder von ihren Müttern so eingeschätzt, dass sie «viel streiten und widersprechen», 54 %, dass sie «viel Beachtung brauchen». Etwa 33 % der Kinder werden als unkonzentriert, impulsiv und «zu redefreudig» beschrieben. Darüber hinaus wird bei den Kindern gehäuft die Tendenz, sich zu produzieren, und die Neigung zu Wutausbrüchen beobachtet (vgl. Resch, 2001).
- Bereits für Kinder im Kindergartenalter stellte sich in der Braunschweiger Kindergartenstudie nach den Einschätzungen von rund 850 Eltern und 820 Erzieherinnen heraus, «dass ca. 18 % aller Kindergartenkinder unter behandlungs-

bedürftigen emotionalen und Verhaltensstörungen leiden» (Hahlweg & Miller, 2001, S. 45).

- In einer weiteren epidemiologischen Studie wurden 13,4 % von rund 4200 Grundschülerinnen und -schülern von ihren Lehrerinnen und Lehrern als hoch gefährdet (gemessen an Merkmalen wie aggressivem Verhalten, Lügen, schlechten Schulleistungen, Stehlen, negativer Haltung gegenüber der Schule, den Lehrern und Erwachsenen, Verhaltensauffälligkeiten) eingeschätzt (vgl. Landscheidt, 2001).
- Die Ergebnisse der KiGGS-Studie des Robert Koch Instituts (2006) zur Gesundheit von Kindern und Jugendlichen in Deutschland, an der ca. 18 000 Kinder und deren Eltern teilnahmen, förderten zu Tage, dass 17 % der Kinder und Jugendlichen im Alter zwischen 11 und 17 Jahren sich selbst in wenigstens einem der folgenden Bereiche als auffällig beschreiben: emotionale Probleme (z. B. Ängste, Sorgen, Niedergeschlagenheit), Hyperaktivitätsprobleme (z. B. motorische Unruhe, Ablenkbarkeit, unüberlegte Handlungen), Verhaltensauffälligkeiten (z. B. aggressives Verhalten, Ungehorsam, Lügen), Probleme mit Gleichaltrigen (z. B. Kontaktschwierigkeiten, ohne guten Freund oder unbeliebt sein). Ihre Eltern sind sogar noch kritischer: 27,9 % schätzen ihre Kinder nach den genannten Kriterien als auffällig ein.
- Kindliche Verhaltensstörungen erhöhen im Jugendlichenalter die Wahrscheinlichkeit für Schulversagen, Aggressivität, frühe und ungeschützte Sexualität, Drogenmissbrauch, Vandalismus, Delinquenz und Kriminalität. Hierfür nur ein Beispiel: in Deutschland ist nach den Daten der Polizeilichen Kriminalstatistik des Bundeskriminalamts (www.bka.de/pks/zeitreihen/index.html, eigene Berechnungen) in einem Zeitraum von knapp 20 Jahren (d. h. von 1987 bis 2006) die Tatverdächtigtenquote bezüglich aller Straftaten bei Kindern bis zu 14 Jahren um 83 % und bei Jugendlichen zwischen 14 bis zu 18 Jahren um 118 % gestiegen. Besonders auffällig ist die Zunahme in den Kategorien «Rohheitsdelikte/Straftaten gegen persönliche Freiheit» (Kinder: 706 %; Jugendliche: 454 %), «Körperverletzung» (Kinder: 861 %; Jugendliche: 505 %) «Gewaltkriminalität» (Kinder: 703 %; Jugendliche: 446 %) – ganz zu schweigen von «Rauschgiftdelikten», die bei Kindern um 2252 % und bei Jugendlichen um 725 % zugenommen haben.

Diese alarmierenden Zahlen trüben deutlich das Bild eines von der Politik geforderten psychisch gesunden «Humanvermögens» in Gestalt der nachwachsenden Generation (vgl. den von der deutschen Bundesregierung in Auftrag gegebenen Fünften und Siebten Familienbericht, 1994, 2006). Vieles spricht dafür, dass die genannten Entwicklungen u. a. vor dem Hintergrund eines epochalen Wandels zu sehen sind, der nach dem Motto «Von der Erziehung zur Beziehung» zu einer zunehmenden Liberalisierung des Eltern-Kind-Verhältnisses geführt hat (vgl. Schneewind & Ruppert, 1995). Für viele Eltern bedeutet dieser im Prinzip begrüßenswerte Liberalisierungsschub allerdings eine Verunsicherung hinsichtlich ihrer Erziehungswerte und -methoden. Dies vor allem dann, wenn es darum geht, ihren

Kindern in herausfordernden Situationen (z. B. wenn sie sich nicht an Vereinbarungen halten, sich um unangenehme Aufgaben drücken, sich abfällig und respektlos verhalten, anderen gegenüber aggressiv sind) klare Regeln zu vermitteln und Grenzen zu setzen. Einige Beispiele mögen dies belegen:

- In einer telefonischen Befragung von 1013 Eltern, die 2002 in ganz Bayern durchgeführt wurde, gaben 51,4 % der Befragten an, dass sie in Erziehungsfragen manchmal oder häufig Unsicherheit verspüren und nur 12,9 % waren der Meinung, dass sie in Erziehungsfragen nie unsicher sind (Smolka, 2007).
- In einer weiteren Studie aus dem Jahre 2002, an der 3060 Eltern aus ganz Deutschland mit mindestens einem Kind unter 14 Jahren teilnahmen, berichteten 43 % der Befragten, dass sie manchmal oder häufiger Unsicherheiten in der Erziehung erleben (ELTERN-Gruppe, 2002). Gleichzeitig wurden die Eltern danach befragt, wie häufig sie Probleme mit ihrem Kind haben. 63 % der Eltern gaben an, nur selten Probleme zu haben, während 26 % der Eltern berichteten, dass Probleme mit ihrem Kind öfter vorkommen.

Tabelle 1: Zusammenhang zwischen Unsicherheiten in der Erziehung und Problemen mit dem Kind

Zusammenhang zwischen Unsicherheiten in der Erziehung und Problemen mit dem Kind

Probleme mit dem Kind	**Unsicherheiten in der Erziehung** manchmal oder häufiger 43 %	kommt kaum vor 52 %
öfter 26 %	66 %	31 %
selten 63 %	34 %	63 %

Stichprobe: 3060 Eltern mit mindestens einem Kind unter 14 Jahren
Keine Angaben Unsicherheiten: 5 %
Keine Angaben Probleme: 11 %

Quelle: FamilienAnalyse, 2002

Wie aus **Tabelle 1** hervorgeht, zeigt sich darüber hinaus, dass zwei Drittel der Eltern mit häufigeren Problemen im Umgang mit ihren Kindern auch häufiger in ihrer Erziehung unsicher sind. Hochgerechnet auf alle Eltern in Deutschland mit Kindern bis 14 Jahren sind dies über 2,2 Millionen Eltern.

- In einer weiteren Untersuchung, die von der Zeitschrift GEO (Kucklick, 2002) an einer repräsentativen Stichprobe von 1045 Eltern mit mindestens einem Kind unter 14 Jahren durchgeführt wurde, sollten die Eltern jeweils nur für eine Antwortalternative angeben, womit sie bei der Erziehung die meisten Schwierigkeiten haben (vgl. **Abbildung 1**).

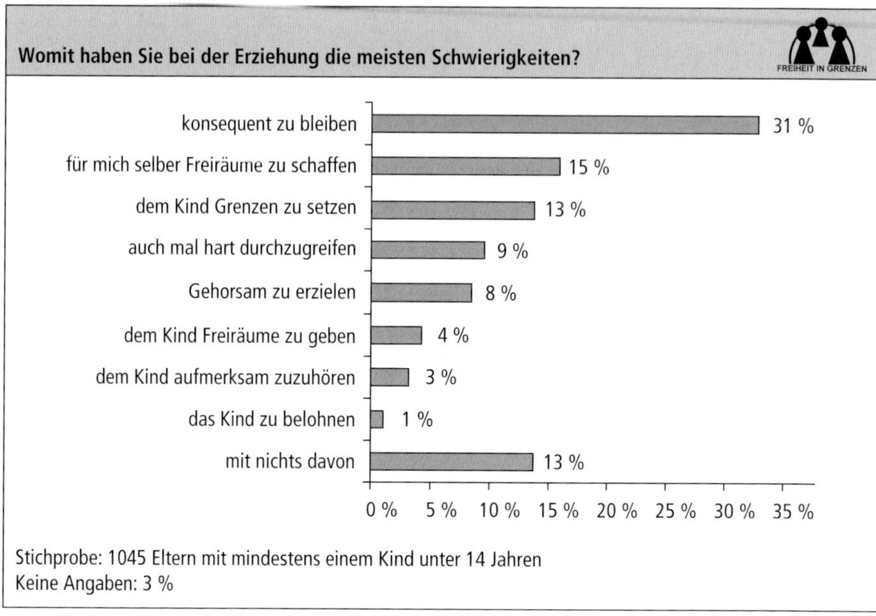

Quelle: Kucklick, 2002

Abbildung 1: Womit haben Sie bei der Erziehung die meisten Schwierigkeiten?

Nimmt man die Antwortvorgaben «konsequent zu sein», «dem Kind Grenzen zu setzen», «auch mal hart durchzugreifen» und «Gehorsam zu erzielen» zusammen, sind es immerhin 61 % der Eltern, die offenkundig mit Disziplinproblemen zu kämpfen haben.

Besteht nun wirklich ein «Erziehungsnotstand» oder gar eine «Erziehungskatastrophe» in unseren Landen? Auch wenn es stimmt, dass psychische Probleme von Kindern und Jugendlichen zugenommen haben, sollte man mit der Verbreitung von Katastrophenszenarien vorsichtig sein. Immerhin gilt nach den Befunden einer Reihe von Shell-Studien über die letzten Jahrzehnte für den überwiegenden Teil der Kinder und Jugendlichen, dass sie glücklich sind und in einem positiven familiären Umfeld aufwachsen (so z. B. auch in der Shell Jugend-Studie, Langness et al., 2006). Trotzdem: Der Bedarf nach Unterstützung der Eltern in ihrer verantwortungsvollen Aufgabe ist – wie die oben erwähnten Untersuchungsbefunde belegen – unübersehbar. Viele Eltern sind verunsichert, weil sie nicht wissen, wie sie «richtig» erziehen sollen. Die Nachfrage nach Erziehungsratgebern und ein Blick auf die einschlägigen Regale der Buchhandlungen sprechen für sich.

Aber was ist «richtige» oder «gute» Erziehung? Die ernüchternde Antwort ist zunächst, dass dies die Eltern letztlich selbst entscheiden müssen. Allerdings können sie sich für diese Entscheidung – gestützt auf wissenschaftlich bewährte Erkenntnisse – Anregungen für ihre eigene Erziehungsstrategie und ihr Erziehungshandeln in konkreten Situationen holen – und zwar auch ohne, dass sie einen mehr oder weniger kostspieligen Erziehungskurs buchen und zusammen mit anderen Eltern ein mehr oder weniger aufwendiges Elterntraining absolvieren. Genau an dieser Stelle setzt der Elterncoach mit interaktiver DVD an. Er hat den Vorteil, dass er preiswert und jederzeit verfügbar ist. Und nicht zuletzt spricht auch für ihn, dass man ihn ganz privat bei sich zuhause in Anspruch nehmen kann. Der DVD-Elterncoach stützt sich auf das Erziehungsprinzip «Freiheit in Grenzen». Was genau darunter zu verstehen ist, soll im nächsten Kapitel erläutert werden.

2 Freiheit in Grenzen – was ist das?

«Erziehung ist die organisierte Verteidigung der Eltern gegen ihre Kinder», hat der amerikanische Schriftsteller Mark Twain gesagt. Das klingt zwar ganz witzig, als eine seriöse Definition von Erziehung taugt der Spruch aber wohl nicht. Was ist nun aber Erziehung oder genauer: elterliche Erziehung? Kurz gesagt: Beim Erziehen geht es um das *Wollen* und das *Handeln* der Eltern. Zum einen *wollen* Eltern, dass ihre Kinder etwas Bestimmtes tun bzw. sich in einer bestimmten Weise entwickeln, und zum anderen *handeln* sie in einer bestimmten Weise, um ihre Ziele zu erreichen. Das hört sich ziemlich abstrakt an. Nehmen wir deshalb Zuflucht zu einem Beispiel.

Manche Eltern wollen, dass ihre Kinder sich an den täglichen Aufgaben beteiligen, die im Haushalt anfallen. Mülleimer entleeren, ist eine von diesen Aufgaben. Häufig geht es den Eltern nicht nur einfach darum, dass der Abfall beseitigt wird, sondern z. B. auch darum, dass die Kinder lernen, etwas Nützliches für die Gemeinschaft zu tun. Wenn Eltern so argumentieren, beziehen sie sich auf ihre *Erziehungswerte* bzw. *Erziehungsziele*. Die aber können sehr unterschiedlich ausfallen. Zum Beispiel legen manche Eltern – aus welchen Gründen auch immer – keinen Wert darauf, dass ihre Kinder mithelfen, den Müll entsorgen. Aber selbst wenn Eltern die gleichen Erziehungsziele haben, ist damit noch keineswegs gesagt, dass sie auch auf die gleiche Weise handeln. So können sich Eltern z. B. sehr unterschiedlich verhalten, um ihre Kinder dazu zu bringen, den Mülleimer zu entleeren. Die einen bitten, die anderen befehlen, und dazwischen gibt es eine Menge Alternativen.

Allerdings wollen Kinder nicht immer das, was ihre Eltern wollen – und zwar aus dem simplen Grund, weil Kinder «eigenwillige» Wesen sind. Das heißt, es kann passieren, dass sie einfach nicht machen, was von ihnen erwartet wird, z. B. den Abfall zur Mülltonne bringen. «Was tun?» stellt sich dann die Frage für die Eltern. Wieder gibt es eine Menge Alternativen – Ignorieren oder Selbermachen beispielsweise oder auch Strafen, um nur einige zu nennen.

Wenn es denn so viele Alternativen gibt, finden sich darunter dann auch welche, die für eine «gute» Erziehung sprechen? Keine einfache Frage, denn eines lässt sich mit ziemlicher Gewissheit sagen: Ebenso wie es keine *perfekten Eltern* und keine *perfekten Kinder* gibt, gibt es auch keine *perfekte Erziehung*. Was es aber gibt, ist ein inzwischen in vielen Untersuchungen bestätigtes Wissen darüber, welche

Formen elterlicher Erziehung am ehesten dazu beitragen, damit sich Kinder zu *selbstständigen*, *selbstbewussten*, *leistungsbereiten*, *gemeinschaftsfähigen* und dabei auch noch *lebensfrohen* Personen entwickeln können. Immerhin sind dies Erziehungs- und Entwicklungsziele, die in unserem westlichen Kulturkreis von vielen als besonders wünschenswert angesehen werden (mehr dazu findet sich bei Fuhrer, 2007 sowie in dem Erziehungsgutachten des Wissenschaftlichen Beirats für Familienfragen, 2005). Statt hierzu auf weitere Details einzugehen, laden wir Sie an dieser Stelle zu einem kleinen Selbsttest (**Selbsttest 1: Erziehungswerte**) ein, der Ihnen zu einem Eindruck darüber verhelfen soll, welche Erziehungs- und Entwicklungsziele *Ihnen* für Ihre Kinder besonders wichtig oder weniger wichtig sind.

Selbsttest 1: Erziehungswerte

Was ist Ihnen in der Kindererziehung wichtig?

Bitte bewerten Sie auf der folgenden Liste, wie bedeutsam die einzelnen Begriffe für *Ihre* Kindererziehnung sind, auf einer Skala von 1 bis 5. Dabei ist:

Eigenschaft	*völlig unwichtig* 1	*eher unwichtig* 2	*wichtig* 3	*besonders wichtig* 4	*ganz besonders wichtig* 5
(1) Rücksichtsvoll sein	☐	☐	☐	☐	☐
(2) Beliebt sein bei Erwachsenen	☐	☐	☐	☐	☐
(3) Kritisch sein	☐	☐	☐	☐	☐
(4) Höflich sein	☐	☐	☐	☐	☐
(5) Ehrgeizig sein	☐	☐	☐	☐	☐
(6) Selbstbewusst sein	☐	☐	☐	☐	☐
(7) Sich vertragen können	☐	☐	☐	☐	☐
(8) Still sein	☐	☐	☐	☐	☐
(9) Aufgeschlossen sein	☐	☐	☐	☐	☐
(10) Hilfsbereit sein	☐	☐	☐	☐	☐
(11) Schamgefühl haben	☐	☐	☐	☐	☐
(12) Selbstständig sein	☐	☐	☐	☐	☐
(13) Liebevoll sein	☐	☐	☐	☐	☐
(14) Beliebt sein bei anderen Kindern	☐	☐	☐	☐	☐
(15) Einfallsreich sein	☐	☐	☐	☐	☐
(16) Respekt vor anderen haben	☐	☐	☐	☐	☐
(17) Alleine spielen können	☐	☐	☐	☐	☐
(18) Aufgeweckt sein	☐	☐	☐	☐	☐
(19) Verantwortungsbewusst sein	☐	☐	☐	☐	☐
(20) Sich beherrschen können	☐	☐	☐	☐	☐
(21) Gehorchen können	☐	☐	☐	☐	☐
(22) Sich durchsetzen können	☐	☐	☐	☐	☐
(23) Ehrlich sein	☐	☐	☐	☐	☐
(24) Tüchtig, strebsam sein	☐	☐	☐	☐	☐

Mit dem Selbsttest «Erziehungswerte» können Sie herausfinden, wie wichtig Ihnen bestimmte Werte oder Ziele in Ihrer Erziehung sind. Genauer gesagt geht es dabei um drei Erziehungswerte, nämlich

- die Entwicklung des Kindes zu einer Person, die sich an bestimmten vorgegebenen Normen orientiert – von uns als «Konformität» bezeichnet;
- die Entwicklung des Kindes zu einer eigenständigen und selbstverantwortlichen Person – wir fassen dies unter dem Begriff «Individualität» zusammen;
- die Entwicklung des Kindes zu einer Person mit sozialen Fähigkeiten, die den Umgang mit anderen Menschen erleichtern – wir nennen dies kurz «Soziale Kompetenz».

Um herauszufinden, welche dieser Erziehungswerte für Sie persönlich mehr oder weniger von Bedeutung sind, und wie Sie damit im Vergleich zu anderen Eltern liegen, empfehlen wir Ihnen folgendes Vorgehen:

Wenn Sie den Selbsttest «Erziehungswerte» vollständig ausgefüllt haben, addieren Sie zunächst die Zahlenwerte der Fragen 2, 5, 8, 11, 14, 17, 21 und 24 zu einer Gesamtsumme auf, um etwas über Ihre Einstellung zur «Konformität» zu erfahren. Tragen Sie diesen Wert in die unten stehende Auswertungstabelle (**Tabelle 2**) unter «Meine persönliche Punktezahl» ein. Verfahren Sie ebenso mit den Fragen 3, 6, 9, 12, 15, 18, 19 und 22 bezüglich des Erziehungswertes «Individualität», sowie mit den Fragen 1, 4, 7, 10, 13, 16, 20 und 23 im Hinblick auf die Bedeutung, die Sie dem Erziehungswert «Soziale Kompetenz» beimessen.

Nun können Sie sich anhand der von Ihnen errechneten Werte im Vergleich zu anderen Elternpersonen einordnen. In einer Befragung, an der 266 Elternpersonen teilnahmen, wurde die Verteilung der Gesamtsummenwerte separat für alle drei Aspekte dieses Selbsttests erfasst. Die Punktezahl kann jeweils zwischen dem Minimalwert von 8 und dem Maximalwert von 40 liegen. Für die Auswertungstabelle wurden auf der Basis der Befragungsergebnisse ein mittlerer, unterer und oberer Bereich ermittelt. Dabei lassen sich dem mittleren Bereich ca. 60 Prozent und dem unteren sowie oberen Bereich jeweils ca. 20 Prozent der Befragten zuordnen.

Tabelle 2: Auswertungstabelle für den Selbsttest 1 «Erziehungswerte»

Auswertungstabelle für den Selbsttest «Erziehungswerte»

	Meine persönliche Punktezahl	unterer Bereich	mittlerer Bereich	oberer Bereich
Konformität	☐	8–17	18–26	27–40
Individualität	☐	8–25	26–34	35–40
Soziale Kompetenz	☐	8–27	28–36	37–40

Stellen Sie nun fest, in welchen Wertebereich Ihre persönliche Punktezahl für jeden der drei Erziehungswerte gehört. Es folgt nun ein kurzer Kommentar zu den drei Wertebereichen für den Erziehungswert «Konformität».

- *Konformität, mittlerer Wertebereich (18–26 Punkte)*: Es ist Ihnen wichtig, dass Ihr Kind ein gewisses Maß an Bereitschaft zeigt, sich an bestimmte Normen und Vorgaben zu halten, die ihm das Leben erleichtern. Dies bezieht sich vor allem darauf, dass Ihr Kind sich anstrengt, wenn es von ihm gefordert wird, und dass es sich anderen gegenüber in einer Weise verhält, die zu seiner Beliebtheit beiträgt. Sie achten dabei auf ein «gesundes Mittelmaß», d. h. Sie wollen weder ein übermäßig angepasstes noch ein besonders aufmüpfiges Kind, das auf Ablehnung stößt oder sich zum Außenseiter entwickeln könnte.
- *Konformität, unterer Wertebereich (8–17 Punkte)*: Sie sehen es gern, wenn sich Ihr Kind zu einer kritischen Person entwickelt, die sich nicht «des lieben Friedens willen» irgendwelchen Forderungen von anderen fügt – auch wenn Ihr Kind deswegen auf der Beliebtheitsskala nicht gerade oben steht. Wenn Ihre persönliche Punktezahl deutlich im unteren Bereich liegt, sollten Sie sich jedoch fragen, ob ein Schuss mehr Anerkennung einiger grundlegender «Selbstverständlichkeiten» unseres Zusammenlebens es Ihrem Kind erleichtern könnte, im Alltag weniger anzuecken.
- *Konformität, oberer Wertebereich (27–40 Punkte)*: Sie möchten gern, dass Ihr Kind sich gut in unser Gemeinwesen einfügen kann. Vor allem soll es die notwendigen Voraussetzungen mitbringen, um erfolgreich zu sein und von anderen anerkannt zu werden – auch wenn es dabei mit eigenen Bedürfnissen und Meinungen hinter dem Berg halten muss. Wenn Sie eine sehr hohe persönliche Punktezahl erzielt haben, sollten Sie sich darüber Gedanken machen, ob Ihrem Kind nicht ein wenig mehr Durchsetzungsfähigkeit und weniger Nachgiebigkeit bzw. Angepasstheit gut tun würde.

Es folgen nun die Kommentare zu den drei Wertebereichen für den Erziehungswert «Individualität».

- *Individualität, mittlerer Wertebereich (26–34 Punkte)*: Sie wollen, dass sich Ihr Kind zu einer eigenständigen Person entwickelt, die sich auf ihre Fähigkeiten verlassen kann, mit beiden Beinen fest im Leben steht und sich kein X für ein U vormachen lässt. Mit diesem Werteprofil haben Sie sicher eine gute Leitlinie für die Erziehung Ihres Kindes – dies umso mehr, wenn Ihre Entwicklungsziele mit Ihrem alltäglichen Erziehungsverhalten im Einklang stehen.
- *Individualität, unterer Wertebereich (8–25 Punkte)*: Für Sie ist es weniger wichtig, dass Ihr Kind seine Individualität in allen Facetten ausleben kann – vielleicht weil Sie die Erfahrung gemacht haben, dass zuviel Eigenständigkeit ziemlich anstrengend und herausfordernd sein kann. Vor allem wenn Ihr Kind besonders temperamentvoll und wissbegierig ist, kann dies dazu führen, dass Sie sich ein weniger «strapaziöses» Kind wünschen. Denken Sie aber – besonders wenn Ihre persönliche Punktezahl deutlich im unteren Bereich liegt –

daran, dass Kinder, die mit einer guten Portion an Selbstbewusstsein und Offenheit für Neues ausgestattet sind, es in der Regel im Leben leichter haben.

- *Individualität, oberer Wertebereich (35–40 Punkte)*: Für Sie stellt eine ausgeprägte individuelle Note Ihres Kindes einen besonders hohen Wert dar. Das passt gut in das in unserem Kulturkreis vorherrschende und bereits vom ehemaligen Preußenkönig, dem «Alten Fritz», propagierte Verständnis, wonach jeder «nach seiner Façon» glücklich werden sollte. Wenn Sie eine persönliche Punktezahl haben, die an den Maximalwert heranreicht, sollten Sie jedoch bedenken, dass ein besonders ausgeprägter Individualismus auch seine Schattenseiten hat, z. B. wenn Selbstbewusstsein in Selbstüberheblichkeit oder Durchsetzungsfähigkeit in Rücksichtslosigkeit umschlägt.

Zum Schluss kommen nun noch die Kommentare zu den drei Wertebereichen für den Erziehungswert «Soziale Kompetenz».

- *Soziale Kompetenz, mittlerer Wertebereich (28–36 Punkte)*: Sie erachten es für wichtig, dass Ihr Kind im Kontakt mit anderen gut zurecht kommt und verbinden dies mit einer Reihe von Eigenschaften wie Rücksichtnahme, Verträglichkeit oder Hilfsbereitschaft. Damit schaffen Sie eine solide Plattform dafür, dass Ihr Kind sich Fähigkeiten aneignen kann, die ihm in sozialen Beziehungen unterschiedlicher Art Sympathie, Wertschätzung und das Gefühl, akzeptiert zu sein, einbringen.
- *Soziale Kompetenz, unterer Wertebereich (8–27 Punkte)*: Anders als bei den meisten anderen Eltern, ist es Ihnen nicht so wichtig, dass Ihr Kind über Fähigkeiten verfügt, die von vielen als das «Schmieröl» für gut funktionierende soziale Beziehungen bezeichnet werden. Vielleicht haben Sie selbst mit manchen Menschen ungute Erfahrungen gemacht und dabei feststellen müssen, dass Rücksicht, Höflichkeit und Respekt eher das Gegenteil von dem zur Folge haben, was sie eigentlich bewirken sollen. Auch wenn Sie solchen Menschen gegenüber verständlicherweise reserviert sind, sollten Sie darüber nachdenken, ob es nicht auch andere Personen in Ihrem Umkreis gibt, mit denen Sie bessere Erfahrungen gemacht haben. Dies könnte eine Basis dafür sein, Ihrem Kind ein gutes Polster an sozialen Kompetenzen mit auf den Weg zu geben, ohne die «Risiken und Nebenwirkungen» einer Überdosis an zwischenmenschlicher Zuwendung außer Acht zu lassen.
- *Soziale Kompetenz, oberer Wertebereich (37–40 Punkte)*: Für Sie ist es ganz besonders wichtig, dass Ihr Kind über ein hohes Maß an sozialen Fähigkeiten im Umgang mit anderen Menschen verfügt. Mit dieser Erziehungsmaxime vermitteln Sie Ihrem Kind eine wesentliche Grundhaltung fürs Leben, denn gewöhnlich bilden rücksichtsvolles und höfliches Verhalten oder die Bereitschaft, mit anderen gut auskommen zu wollen, das Fundament für zufrieden stellende soziale Beziehungen. Bisweilen kann des Guten jedoch auch zuviel sein, z. B. wenn die Rücksichtnahme beständig zulasten eigener Bedürfnisse geht oder wenn der Respekt vor anderen Personen so groß wird, dass er sich

zur Unterwürfigkeit auswächst. Wenn Sie einen extrem hohen Wert erzielt haben, empfehlen wir Ihnen daher, über die möglichen Zerrbilder von an sich positiven sozialen Kompetenzen nachzudenken.

Auch mit dem geschärften Blick des Selbsttests kommen wir noch einmal auf die zentrale Frage zurück, ob es so etwas wie Maßstäbe für eine «gute» Erziehung gibt. Die Antwort lautet: Grundsätzlich schon – vorausgesetzt, man orientiert sich an den Kriterien des Erziehungskonzepts «Freiheit in Grenzen». «Gute» Erziehung lässt sich nämlich auf die Formel bringen: *Kompetente Eltern* haben *kompetente Kinder.* Aber wann sind Eltern «kompetente Eltern»? Nach jahrzehntelangen Forschungsstudien gibt es nach dem bisherigen Erkenntnisstand eine klare Antwort auf diese Frage. Für positive Erziehungskompetenzen von Eltern sind drei Merkmale charakteristisch, auf denen auch das Erziehungskonzept «Freiheit in Grenzen» beruht, nämlich

- Elterliche Wertschätzung,
- Fordern und Grenzensetzen,
- Gewähren und Förden von Eigenständigkeit.

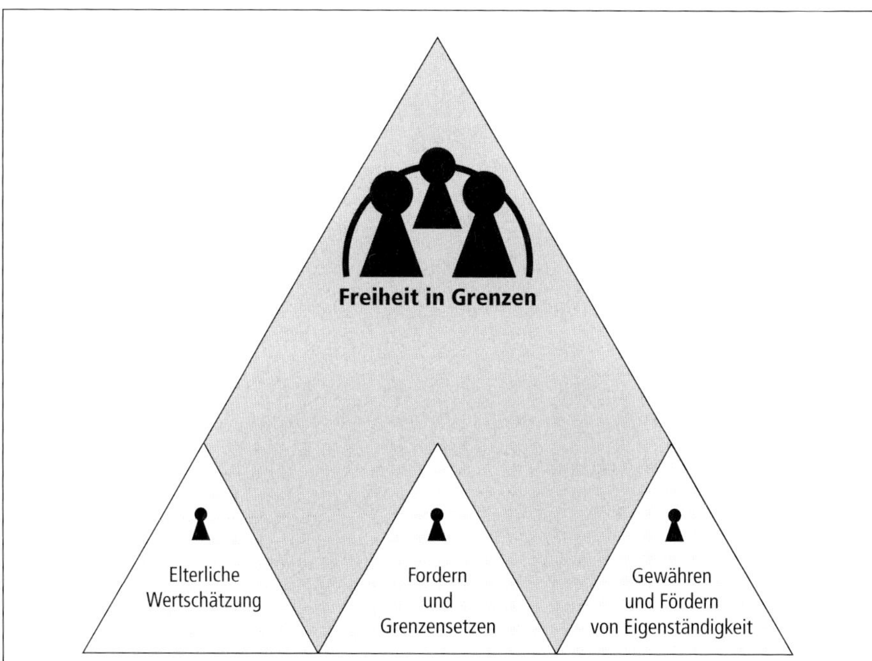

Abbildung 2: Die «Freiheit in Grenzen» – Pyramide

Grundsätzlich ist eine Erziehung nach dem Prinzip «Freiheit in Grenzen» eine Erziehungs*haltung*, die sich aber auch im *Verhalten* der Eltern zu erkennen gibt (vgl. ausführlicher hierzu: Schneewind, 2002a, 2002b, 2008a; Wissenschaftlicher Beirat für Familienfragen, 2005).

An dieser Stelle regen wir an, dass Sie – bevor Sie weiter lesen – anhand von zwei Tests für sich selbst herausfinden, wie Sie Ihre eigene Erziehungs*haltung* bzw. Ihr eigenes Erziehungs*verhalten* einschätzen. Im Folgenden geht es zunächst um Ihre Erziehungshaltung, d. h. die grundsätzliche Einstellung, die Sie hinsichtlich der Erziehung Ihres Kindes bzw. Ihrer Kinder haben (**Selbsttest 2: Erziehungsgrundsätze**).

Selbsttest 2: Erziehungsgrundsätze

Welche Erziehungsgrundsätze wenden Sie an?

Die folgenden Aussagen beziehen sich auf grundlegende Erziehungsvorstellungen von Eltern. Geben Sie bitte mit Blick auf *Ihr Kind* an, wie sehr die einzelnen Aussagen für Sie zutreffen. Sie haben dabei folgende Antwortmöglichkeiten:

	trifft gar nicht zu **1**	trifft kaum zu **2**	teils – teils **3**	trifft eher zu **4**	trifft völlig zu **5**
(1) In unserer Familie hat mein Kind ebenso oft wie ich die Möglichkeit, das zu tun, was es will.	☐	☐	☐	☐	☐
(2) Wenn in unserer Familie einmal bestimmte Regeln eingeführt wurden, erkläre ich meinem Kind den Sinn und Zweck dieser Regeln und diskutiere mit ihm darüber.	☐	☐	☐	☐	☐
(3) Immer wenn ich meinem Kind sage, dass es etwas tun soll, dann erwarte ich, dass dies sofort und ohne Widerrede geschieht.	☐	☐	☐	☐	☐
(4) Ich bin immer zu einem Gespräch bereit, wenn mein Kind die geltenden Regeln und Einschränkungen in unserer Familie für ungerecht hält.	☐	☐	☐	☐	☐
(5) Mein Kind hat immer die Freiheit, seine eigenen Entscheidungen zu treffen und das zu tun, was es für richtig hält, auch wenn dies gegen meinen Willen ist.	☐	☐	☐	☐	☐
(6) Mein Kind sollte meine Entscheidungen nicht in Frage stellen.	☐	☐	☐	☐	☐
(7) Wenn eine öffentliche Autoritätsperson Verhaltensregeln und Vorschriften aufstellt, braucht mein Kind sich nicht unbedingt daran zu halten.	☐	☐	☐	☐	☐
(8) Mein Kind weiß, was ich von ihm erwarte – es hat allerdings jederzeit die Möglichkeit, mit mir über meine Erwartungen zu diskutieren, wenn es diese nicht nachvollziehen kann.	☐	☐	☐	☐	☐
(9) Ich bringe meinem Kind von klein auf vor allem bei, wer in der Familie das Sagen hat.	☐	☐	☐	☐	☐
(10) Bei Familienentscheidungen richte ich mich in der Regel nach dem Willen meines Kindes.	☐	☐	☐	☐	☐
(11) Ich bin sehr verärgert, wenn mein Kind versucht, mir zu widersprechen.	☐	☐	☐	☐	☐
(12) Mein Kind weiß, welches Verhalten ich von ihm erwarte. Es wird bestraft, wenn es meine Erwartungen nicht erfüllt.	☐	☐	☐	☐	☐
(13) Ich lasse mein Kind die meisten Entscheidungen selbstständig treffen, ohne es dabei zu beeinflussen.	☐	☐	☐	☐	☐

Welche Erziehungsgrundsätze wenden Sie an?

Die folgenden Aussagen beziehen sich auf grundlegende Erziehungsvorstellungen von Eltern. Geben Sie bitte mit Blick auf *Ihr Kind* an, wie sehr die einzelnen Aussagen für Sie zutreffen. Sie haben dabei folgende Antwortmöglichkeiten:

	trifft gar nicht zu 1	trifft kaum zu 2	teils – teils 3	trifft eher zu 4	trifft völlig zu 5
(14) Bei Familienentscheidungen berücksichtige ich die Meinung meines Kindes, mache die Entscheidungen jedoch nicht allein von seinem Willen abhängig.	☐	☐	☐	☐	☐
(15) Ich fühle mich nicht dafür verantwortlich, das Verhalten meines Kindes zu lenken und anzuleiten.	☐	☐	☐	☐	☐
(16) Ich gebe meinen Kindern klare Richtlinien vor, wie sie sich zu Hause verhalten sollen, bin allerdings bereit, diese an die Bedürfnisse jedes einzelnen Kindes anzupassen.	☐	☐	☐	☐	☐
(17) Ich gebe meinem Kind eine Richtung für sein Verhalten und seine Aktivitäten vor und erwarte von ihm, dass es sich dementsprechend verhält. Ich bin jedoch jederzeit bereit, mir seine Anliegen anzuhören und meine Vorgaben zu diskutieren.	☐	☐	☐	☐	☐
(18) Ich sage meinem Kind genau, was es zu tun hat und wie dies zu geschehen hat.	☐	☐	☐	☐	☐
(19) Ich schreibe meinem Kind nicht vor, wie es sich zu verhalten hat, oder wie seine Aktivitäten und Wünsche auszusehen haben.	☐	☐	☐	☐	☐
(20) Mein Kind weiß, was ich von ihm erwarte und ich bestehe darauf, dass es sich diesen Erwartungen anpasst – allein schon aus Respekt vor meiner Autorität.	☐	☐	☐	☐	☐
(21) Wenn ich einmal eine Entscheidung gefällt habe, die mein Kind besonders hart trifft, bin ich bereit, mit ihm darüber zu diskutieren und kann auch zugeben, wenn ich einen Fehler gemacht habe.	☐	☐	☐	☐	☐

Der Selbsttest 2 «Erziehungsgrundsätze» beleuchtet drei Aspekte, die Ihre allgemeine Haltung oder Einstellung in Erziehungsfragen zum Gegenstand haben. Diese haben viel mit den drei Erziehungsprinzipien gemeinsam, die Sie in Abbildung 2 kennen gelernt haben. Im Einzelnen geht es um folgende Erziehungsgrundsätze:

- eine durch Nachgiebigkeit und wenig Einschränkungen gekennzeichnete Erziehungseinstellung – auch unter der Bezeichnung «permissiver Erziehungsstil» bekannt;
- eine Erziehungseinstellung, die sich durch emotionale Zuwendung, Orientierung an Regeln und Unterstützung von Eigenständigkeit auszeichnet – im Fachjargon auch als «autoritativer Erziehungsstil» bezeichnet;
- eine durch emotionale Distanz, Strenge und Reglementierung gekennzeichnete Erziehungshaltung – gewöhnlich als «autoritärer Erziehungsstil» beschrieben.

Um herauszufinden, welche Erziehungsgrundsätze für Sie persönlich vorrangig sind, und wie Sie damit im Vergleich zu anderen Eltern liegen, empfehlen wir Ihnen folgendes Vorgehen:

Wenn Sie den Selbsttest «Erziehungsgrundsätze» vollständig ausgefüllt haben, addieren Sie zunächst die Zahlenwerte für die Aussagen 1, 5, 7, 10, 13, 15 und 19 zu einer Gesamtsumme auf, um etwas darüber zu erfahren, wie sehr Sie sich an einem «permissiven Erziehungsstil» orientieren. Tragen Sie diesen Wert dann in die untenstehende Auswertungstabelle unter «Meine persönliche Punktezahl» ein. Verfahren Sie ebenso mit den Aussagen 2, 4, 8, 14, 16, 17 und 21, die sich darauf beziehen, wie stark Ihr «autoritativer Erziehungsstil» ausgeprägt ist. Und zählen Sie schließlich auch die Zahlenwerte für die Aussagen 3, 6, 9, 11, 12, 18 und 20 zusammen. Die Gesamtsumme informiert Sie dann darüber, wie sehr ein «autoritärer Erziehungsstil» Richtschnur für Ihre Erziehung ist.

Nun können Sie sich – ähnlich wie beim Selbsttest 1 «Erziehungswerte» – anhand Ihrer persönlichen Punktezahl im Vergleich zu anderen Elternpersonen einordnen. Auch hier liegen als Vergleichsmaßstab wieder die Antworten von 266 Elternpersonen zugrunde. Diese verteilen sich diesmal für jeden der drei Erziehungsgrundsätze zwischen einem Minimalwert von 7 Punkten und einem Maximalwert von 35 Punkten. In der folgenden Auswertungstabelle (**Tabelle 3**) wurden unter Bezug auf die Befragungsergebnisse wiederum ein mittlerer, unterer und oberer Bereich ermittelt. Im mittleren Bereich befinden sich ca. 60 Prozent der Befragten, während sich die restlichen ca. 40 Prozent zur Hälfte auf den unteren und den oberen Bereich verteilen.

Tabelle 3: Auswertungstabelle für den Selbsttest 2 «Erziehungsgrundsätze»

Auswertungstabelle für den Selbsttest «Erziehungsgrundsätze»

	Meine persönliche Punktezahl	unterer Bereich	mittlerer Bereich	oberer Bereich
Permissiver Erziehungsstil	☐	7–14	15–23	24–35
Autoritativer Erziehungsstil	☐	7–24	25–33	34–35
Autoritärer Erziehungsstil	☐	7–11	12–20	21–35

Stellen Sie nun fest, in welchen Wertebereich Ihre persönliche Punktezahl für jeden der drei Erziehungsgrundsätze gehört. Es folgt nun ein kurzer Kommentar für die drei Wertebereiche des «permissiven Erziehungsstils».

- *Permissiver Erziehungsstil, mittlerer Wertebereich (15–23 Punkte)*: Sie lassen Ihrem Kind zwar einiges durchgehen, tun dies jedoch in Maßen, z. B. indem Sie Ihrem Kind nicht völlige Entscheidungsfreiheit über seine Belange belassen und sich auch in anderen Familienangelegenheiten nur bedingt nach dem Willen Ihres Kindes richten. Wenn Sie von Fall zu Fall und je nach Situation klären, ob und inwieweit Sie Ihrem Kind Freiheiten einräumen, dürften Sie sich keine größeren Probleme einhandeln, wenn Sie Ihr Kind so weit wie möglich gewähren lassen. Anders ist es, wenn Sie in einer für Ihr Kind schwer durchschaubaren Weise in derselben Situation einmal nachgiebig sind und ein nächstes Mal nicht. In diesem Fall kann sich Ihr Kind keinen Reim auf Ihr Verhalten machen und es wird ihm schwer fallen, in Ihnen eine Orientierungshilfe zu sehen. Besonders wenn Ihre Werte im Mittelbereich der Skala liegen, d. h. wenn Sie häufiger die Antwortkategorie «teils-teils» gewählt haben, sollten Sie daher prüfen, ob Ihre Entscheidung für eine eher nachsichtige Erziehungshaltung gut begründet ist.
- *Permissiver Erziehungsstil, unterer Wertebereich (7–14 Punkte)*: Sie erteilen einer Haltung eine klare Absage, die Ihrem Kind weitgehend uneingeschränkte Freiheiten in all dem, was es tut und möchte, ermöglichen würde. Obwohl diese Einstellung aus erzieherischen Gründen prinzipiell gut nachvollziehbar ist, sollten Sie für sich klären, ob Sie bisweilen womöglich des Guten zuviel tun. Es könnte nämlich sein, dass sich bei Ihrem Kind mehr und mehr das Gefühl breit macht, dass es mit seinen Versuchen, auch eigene Entscheidungen treffen zu können, kein Gehör findet. Wir empfehlen Ihnen, in diesem Zusammenhang auch Ihre persönliche Punktezahl für den «autoritären Erziehungsstil» in diese Überlegungen mit einzubeziehen.
- *Permissiver Erziehungsstil, oberer Wertebereich (24–35 Punkte)*: Sie vertreten die Auffassung, dass Ihr Kind möglichst viele Freiheiten haben soll, das zu tun, was es will. Dabei machen Sie im Wesentlichen auch keinen Unterschied zwischen Ihrem Kind und erwachsenen Familienmitgliedern. Im Extremfall richten Sie

sich in Ihren Entscheidungen danach, was Ihr Kind möchte. Und selbst wenn Sie mit dem, was Ihr Kind tut, nicht einverstanden sind, lassen Sie es gewähren. Wenn Sie eine Punktezahl haben, die nahe an den Extremwert heranreicht, spricht vieles dafür, dass Ihr Kind gewissermaßen der König bzw. die Königin in Ihrer Familie ist. So wichtig es ist, dass Sie von Ihrem Kind begeistert sind und Sie ihm vielleicht gerade deswegen keinen Wunsch abschlagen wollen, so sehr möchten wir Ihnen nahe legen, darüber nachzudenken, welche Konsequenzen eine extrem nachgiebige Erziehungshaltung für die weitere Entwicklung Ihres Kindes haben kann. Mit großer Wahrscheinlichkeit wird Ihr Kind außerhalb der Familie die frustrierende Erfahrung machen, dass Entbehrungen unvermeidlich sind und dass andere Menschen nicht so ohne weiteres nach seiner Pfeife tanzen. Wie es solche Erfahrungen verarbeitet, steht auf einem anderen Blatt. Auf jeden Fall machen Sie ihm mit einer besonders großen Portion an Nachsichtigkeit das Leben nicht unbedingt leichter.

Wir kommen nun zu einem Kommentar der drei Wertebereiche für den so genannten «autoritativen Erziehungsstil», der im Wesentlichen dem Erziehungsprinzip «Freiheit in Grenzen» entspricht.

- *Autoritativer Erziehungsstil, mittlerer Wertebereich (25–33 Punkte)*: Wenn Ihre persönliche Punktezahl in diesem mittleren Bereich liegt, überwiegt bei Ihnen eine Erziehungshaltung, die Ihrem Kind zwar viele Freiheiten lässt, aber auch auf klaren Vereinbarungen und Regeln beruht. Auch legen Sie viel Wert darauf, mit Ihrem Kind zu reden, und machen dabei deutlich, dass Regeln nicht ein für alle mal festgeschrieben sind, sondern auch neu ausgehandelt werden können. Auch wenn Sie bei alldem die Führungsposition behalten, vermitteln Sie Ihrem Kind die Erfahrung, dass seine Wünsche ernst genommen werden und in vielen Fällen Kompromisse möglich sind.
- *Autoritativer Erziehungsstil, unterer Wertebereich (7–24)*: Einer Erziehungshaltung, die Ihrem Kind ein gewisses Maß an Mitspracherecht und Entscheidungsfreiheit zubilligt, stehen Sie eher skeptisch gegenüber – und dies umso mehr, je geringer Ihre persönliche Punktezahl ausfällt. Dafür kann es unterschiedliche Gründe geben. Vielleicht haben Sie keine so guten Erfahrungen mit diesem Erziehungskonzept gemacht, z. B. weil Ihr Kind sich nicht an Vereinbarungen gehalten hat, obwohl sie diese doch gemeinsam getroffen haben. Vielleicht haben Sie sich aber auch zu wenig Zeit genommen, um mit Ihrem Kind auf schwierige Punkte im Einzelnen einzugehen, denn eine Erziehungshaltung, die Ihr Kind mit all seinen Verhaltensweisen, Ansichten und Wünschen wirklich ernst nimmt, erfordert viel Zuwendung, Offenheit und Geduld. Besonders wenn Ihre persönliche Punktezahl deutlich im unteren Bereich liegt, empfehlen wir Ihnen, über mögliche Gründe dafür nachzudenken. Und bleiben Sie auf jeden Fall am Ball, um Ihre persönliche Punktezahl zu erhöhen.
- *Autoritativer Erziehungsstil, oberer Wertebereich (34–35 Punkte)*: Für Sie ist es besonders wichtig, dass Sie Ihrem Kind gegenüber eine Haltung einnehmen,

die seine Bedürfnisse ernst nimmt, ihm klare Regeln vermittelt, aber auch viel Spielraum für Anregungen, Kompromisse und eigene Entscheidungen lässt. Wenn Sie von der Bedeutung dieser Erziehungsgrundsätze nicht nur fest überzeugt sind sondern im alltäglichen Zusammenleben mit Ihrem Kind auch entsprechend handeln, schaffen sie die besten Voraussetzungen dafür, dass sich Ihr Kind zu einer Person entwickeln kann, die die unterschiedlichen Herausforderungen des Lebens selbstverantwortlich meistern kann.

Abschließend folgen nun noch die Kommentare zum «autoritären Erziehungsstil».

- *Autoritärer Erziehungsstil, mittlerer Wertebereich (12–20 Punkte)*: Wenn Ihre persönliche Punktezahl in den mittleren Wertebereich fällt, gehören Sie zu der Mehrheit der Eltern, die sich nur wenig mit einer strikten Durchsetzung ihrer Erziehungsvorstellungen anfreunden können. Harte Sanktionen, Unduldsamkeit gegen Widersprüche oder absolutes Befolgen von Anordnungen sind bei Ihnen allenfalls dann und wann angesagt. Vielleicht am ehesten dann, wenn Sie selbst unter Stress stehen und mit gutem Zureden partout nicht weiterkommen. Dass Sie in Ihrer Erziehung im Wesentlichen auf Druck und Zwang verzichten, ist auch gut so, denn die Einstellung, dass drakonische Maßnahmen Ihr Kind lehren, wie es sich richtig zu verhalten hat, würde auf Dauer eine lebensbejahende Einstellung Ihres Kindes zu sich selbst und zu anderen untergraben.
- *Autoritärer Erziehungsstil, unterer Wertebereich, (7–11 Punkte)*: Sie gehören zu der Gruppe von Eltern, die eine ausgeprägte Abneigung gegen eine einschüchternde und intolerante Erziehung haben – eine Erziehung also, die Gefahr läuft, den Willen Ihres Kindes zu brechen. Vielleicht ist diese Haltung fest in Ihrer allgemeinen Überzeugung verankert, dass mit Gewalt und Kadavergehorsam letztlich keine Probleme gelöst und vor allem kein menschenwürdiges Leben geführt werden kann. Vielleicht haben Sie auch ein besonderes Geschick im Umgang mit schwierigen Erziehungssituationen oder aber auch das Glück, ein Kind zu haben, das «von Haus aus» kooperativ ist und sich leicht lenken lässt. Wenn dem so ist, sind Sie in jedem Fall zu beglückwünschen.
- *Autoritärer Erziehungsstil, oberer Wertebereich (21–35 Punkte)*: Für Sie ist es wichtig, dass in der Erziehung Ihres Kindes klar ist, wer das Sagen hat. Sie erwarten von Ihrem Kind, dass es sich so verhält, wie Sie es für richtig halten und dulden dabei in der Regel keine Widerrede. Und wenn Ihnen widersprochen wird, passiert es schnell, dass Sie ärgerlich werden. Die Gründe dafür können sehr unterschiedlich sein. Manche Kinder haben ein schwieriges Temperament, das es einem wirklich schwer macht, die Fassung zu bewahren. Manche Eltern haben eine Menge Stress und fallen deswegen leichter aus der Rolle, oder sie haben selbst als Kind wenig an echter Zuwendung, dafür aber viel an Reglementierung erfahren. Welche Gründe für Sie auch immer zutreffen mögen: vor allem wenn Sie mit Ihrer persönlichen Punktezahl nahe am Maximalwert lie-

gen, sollten Sie ernsthaft darüber nachdenken, ob Sie bei dieser für Ihr Kind wenig produktiven Erziehungshaltung bleiben wollen. Denn es gibt gute Alternativen.

In dem nächsten Selbsttest (**Selbsttest 3: Erziehungsverhalten**) können Sie für sich klären, welche Verhaltensweisen Sie im Umgang mit Ihrem Kind bzw. Ihren Kindern im Allgemeinen anwenden.

Selbsttest 3: Erziehungsverhalten

Wie verhalten Sei sich gegenüber Ihrem Kind?

Im Folgenden sind einige Verhaltensweisen aufgeführt, die Eltern ihren Kindern gegenüber mehr oder weniger häufig zeigen. Geben Sie bitte für jede dieser Verhaltensweisen an, ob Sie diese Ihrem Kind gegenüber zum Ausdruck bringen.

	nein, niemals 1	ja, gelegentlich 2	ja, oft 3	ja ständig 4
(1) Ich bestrafe mein Kind hart, auch für Kleinigkeiten.	☐	☐	☐	☐
(2) Mein Kind spürt, dass ich es gern habe.	☐	☐	☐	☐
(3) Es kommt vor, dass ich mein Kind auch für kleine «Sünden» bestrafe.	☐	☐	☐	☐
(4) Ich versuche, mein Kind zu beeinflussen, etwas «Besseres» zu werden.	☐	☐	☐	☐
(5) Es kommt vor, dass ich meinem Kind aus Angst, ihm könnte etwas zustoßen, Dinge verbiete, die anderen Kindern in dem Alter erlaubt werden.	☐	☐	☐	☐
(6) Es kommt vor, dass ich mein Kind vor anderen ausschimpfe oder körperlich bestrafe.	☐	☐	☐	☐
(7) Ich versuche, mein Kind zu trösten und aufzumuntern, wenn ihm etwas daneben geht.	☐	☐	☐	☐
(8) Es kommt vor, dass ich mein Kind härter bestrafe, als es verdient hätte.	☐	☐	☐	☐
(9) Mein Kind kann von mir Unterstützung erwarten, wenn es vor einer schwierigen Aufgabe steht.	☐	☐	☐	☐
(10) Ich lehne Freunde ab, mit denen mein Kind sich gerne trifft.	☐	☐	☐	☐
(11) Ich versuche mein Kind anzutreiben, «Bester» zu werden.	☐	☐	☐	☐
(12) Ich zeige meinem Kind vor anderen, dass ich es gern habe.	☐	☐	☐	☐
(13) Ich gebrauche folgende Redensart: «Wenn du das nicht tust, bin ich traurig».	☐	☐	☐	☐
(14) Ich lobe mein Kind.	☐	☐	☐	☐
(15) Ich tröste mein Kind, wenn es traurig ist.	☐	☐	☐	☐
(16) Es kommt vor, dass ich mein Kind bestrafe, ohne dass es etwas getan hat.	☐	☐	☐	☐
(17) Ich zeige meinem Kind mit Worten und Gesten, dass ich es gern habe.	☐	☐	☐	☐

Wie verhalten Sei sich gegenüber Ihrem Kind?

Im Folgenden sind einige Verhaltensweisen aufgeführt, die Eltern ihren Kindern gegenüber mehr oder weniger häufig zeigen. Geben Sie bitte für jede dieser Verhaltensweisen an, ob Sie diese Ihrem Kind gegenüber zum Ausdruck bringen.

	nein, niemals 1	ja, gelegentlich 2	ja, oft 3	ja ständig 4
(18) Es kommt vor, dass ich mein Kind ohne Grund körperlich bestrafe.	☐	☐	☐	☐
(19) Ich glaube, dass mein Kind sich manchmal wünscht, dass ich mich weniger darum kümmere, was es tut.	☐	☐	☐	☐
(20) Ich bestrafe mein Kind körperlich (z. B. Klaps).	☐	☐	☐	☐
(21) Ich setze meinem Kind bestimmte Grenzen für das, was es tun und lassen darf und bestehe eisern darauf.	☐	☐	☐	☐
(22) Ich behandle mein Kind so, dass es sich schämt.	☐	☐	☐	☐
(23) Ich finde, dass ich übertrieben ängstlich bin, dass meinem Kind etwas zustoßen könnte.	☐	☐	☐	☐
(24) Ich kann mit meinem Kind schmusen.	☐	☐	☐	☐

Mit dem Selbsttest 3 «Erziehungsverhalten» können Sie sich einen genaueren Einblick darüber verschaffen, wie Sie selbst Ihr konkretes Verhalten einschätzen, das Sie gewöhnlich im Umgang mit Ihrem Kind an den Tag legen. Es geht dabei um folgende drei Themen:

- das Ausmaß an körperlicher und seelischer Disziplinierung, wenn sich Ihr Kind etwas hat zuschulden kommen lassen – wir bezeichnen dies als «Ablehnung und Strafe»;
- das Ausmaß an Liebe, Zuwendung und Unterstützung, das Sie Ihrem Kind zuteil werden lassen – oder kurz «Emotionale Wärme»;
- das Ausmaß an Überwachung und Einschränkung der Aktivitäten Ihres Kindes, wobei teilweise auch die Sorge eine Rolle spielt, dass Ihrem Kind etwas zustoßen könnte – wir verwenden hierfür das Kürzel «Kontrolle und Überbehütung».

Um herauszufinden, welches Erziehungsverhalten Sie persönlich im Allgemeinen Ihrem Kind gegenüber zeigen, und wie sich im Vergleich dazu andere Eltern einschätzen, empfehlen wir Ihnen – wie schon bei den vorangegangenen Selbsttests – wie folgt vorzugehen:

Wenn Sie den Selbsttest 3 «Erziehungsverhalten» vollständig ausgefüllt haben, addieren Sie zunächst die Zahlenwerte der Aussagen 1, 3, 6, 8, 16, 18, 20 und 22 zu einer Gesamtsumme auf, um etwas darüber zu erfahren, wie Sie sich selbst im Hinblick auf den Verhaltensaspekt «Ablehnung und Strafe» einschätzen. Tragen Sie diesen Wert in die unten stehende Auswertungstabelle (**Tabelle 4**) unter «Meine persönliche Punktezahl» ein. Verfahren Sie ebenso mit den Aussagen 2, 7, 9, 12, 14, 15, 17 und 24, bei denen es um den Verhaltensbereich «Emotionale Wärme» geht. Schließlich zählen Sie auch die Zahlen für Ihre Antworten auf die Aussagen 4, 5, 10, 11, 13, 19, 21 und 23 zusammen, um Ihre persönliche Punktezahl für «Kontrolle und Überbehütung» zu erhalten.

Nun können Sie Ihre persönliche Punktezahl für die drei Bereiche des Erziehungsverhaltens mit den Werten anderer Elternpersonen vergleichen. Die Vergleichsmöglichkeit beruht auf einer Befragung von 266 Elternpersonen und ergab für jeden der drei Verhaltensaspekte Werte, die zwischen einer Minimalpunktezahl von 8 und einer Maximalpunktezahl von 32 liegen. Für die Auswertungstabelle wurden die Befragungsergebnisse in einen mittleren, unteren und oberen Bereich unterteilt, wobei im mittleren Wertebereich ca. 60 Prozent und im unteren sowie im oberen Wertebereich jeweils ca. 20 Prozent der Befragten liegen.

Tabelle 4: Auswertungstabelle für den Selbsttest 3 «Erziehungsverhalten»

Auswertungstabelle für den Selbsttest «Erziehungsverhalten»

	Meine persönliche Punktezahl	unterer Bereich	mittlerer Bereich	oberer Bereich
Ablehnung und Strafe		8	9–12	13–32
Emotionale Wärme		8–23	24–30	31–32
Kontrolle und Überbehütung		8–10	11–15	16–32

Stellen Sie nun fest, in welchem Wertebereich Ihre persönliche Punktezahl für jeden der drei Merkmale des Erziehungsverhaltens liegt. Wir beginnen mit einem kurzen Kommentar zu den drei Wertebereichen für das Verhaltensmuster «Ablehnung und Strafe».

- *Ablehnung und Strafe, mittlerer Wertebereich (9–12 Punkte)*: Insgesamt gesehen verzichten Sie, wie die meisten der befragten Eltern, in der Erziehung Ihres Kindes in aller Regel auf harte und strenge Disziplinierungsmaßnahmen. Es gibt allerdings auch ein paar Ausnahmen. Schauen Sie sich besonders für diese Ausnahmen Ihre Antworten noch einmal genau an und versuchen Sie herauszufinden, woran es liegt, dass Sie auf eine härtere Strafe als gewöhnlich zurückgegriffen haben. Und überlegen Sie auch, wie Sie sich in Zukunft Ihrem Kind gegenüber weniger durchgreifend verhalten können.
- *Ablehnung und Strafe, unterer Wertebereich (8 Punkte)*: Wenn Ihre persönliche Punktezahl den Wert 8 ergibt, heißt dies, dass Sie alle acht Aussagen, die sich auf körperliche Strafen oder anderweitig demütigendes Verhalten Ihrem Kind gegenüber beziehen, mit «nein, niemals» beantwortet haben. Wenn die Angaben, die Sie gemacht haben, Ihre Erziehungswirklichkeit korrekt widerspiegeln, tragen Sie mit Entschiedenheit dazu bei, dass ein wesentlicher Risikofaktor für die Entwicklung von Kindern, nämlich die Erfahrung von physischer und psychischer elterlicher Gewalt, in Ihrem Fall kein Thema ist.
- *Ablehnung und Strafe, oberer Wertebereich (13–32 Punkte)*. Mit Ihrer persönlichen Punktezahl bringen Sie zum Ausdruck, dass Sie zumindest gelegentlich auf massive Formen der Disziplinierung Ihres Kindes zurückgreifen. Dies ist umso bedenklicher, je höher Ihre persönliche Punktezahl ausfällt. So wichtig es auch ist, dass Sie sich selbst gegenüber freimütig Ihr Verhalten in diesem Bereich zugeben, so wichtig ist es auch, dass Sie entschieden etwas dafür tun, um in Ihrem Erziehungsalltag andere und weniger drastische Disziplinierungsmaßnahmen anzuwenden. Bei einer deutlich erhöhten persönlichen Punktezahl, empfehlen wir Ihnen, über diesen DVD-Elterncoach hinaus auch eine professionelle Beratung in Anspruch zu nehmen.

Wir wenden uns nun dem Verhaltensaspekt «Emotionale Wärme» zu und gehen auch hier mit ein paar kurzen Kommentaren auf die drei Wertebereiche ein.

- *Emotionale Wärme, mittlerer Wertebereich (24–30 Punkte)*: Mit Ihren Angaben machen Sie deutlich, dass Ihnen Ihr Kind sehr am Herzen liegt. Sie lassen Ihr Kind spüren, dass Sie es gern haben. Wenn nötig trösten Sie Ihr Kind und unterstützen es, wenn es mit etwas nicht zurecht kommt. Insgesamt beruht also die Beziehung zu Ihrem Kind auf einem satten Polster von Zuneigung und Herzlichkeit, womit sie immer wieder von Neuem ein starkes Fundament für eine positive Entwicklung Ihres Kindes schaffen.
- *Emotionale Wärme, unterer Werbebereich (8–23 Punkte)*: Es fällt Ihnen nicht so leicht, im Kontakt mit Ihrem Kind vorbehaltlos eine gefühlsmäßige Nähe herzustellen – und dies umso mehr, je niedriger Ihre persönliche Punktezahl ausfällt. Die Gründe hierfür können vielfältig sein. Wir empfehlen Ihnen zunächst, noch einmal im Einzelnen die Aussagen durchzugehen, die zu diesem Verhaltensbereich gehören. Versuchen Sie herauszufinden, ob Sie durchgängig niedrige Werte angekreuzt haben oder nur bei der einen oder anderen Aussage. Vielleicht gehören Sie ja zu den Menschen, die ganz allgemein gefühlsmäßig wenig aus sich herausgehen. Oder es gibt besondere Situationen, in denen Sie Ihrem Kind gegenüber eher zurückhaltend sind. Wo immer auch die Gründe für eine gewisse emotionale Distanz liegen, eines ist sicher: Wenn es Ihnen wichtig ist, Ihr Verhalten zu ändern, gibt es auch Wege, die dies möglich machen.
- *Emotionale Wärme, oberer Wertebereich (31–32 Punkte)*: Sie gehören zu der Gruppe von Eltern, denen in einer ganz besonderen Weise daran gelegen ist, mit Ihrem Kind in einer engen emotionalen Beziehung zu leben. Und Sie geben dies auch in allen möglichen Situationen zu erkennen. Stellt sich die Frage, ob es auch zu viel des Guten geben kann, z. B. indem Sie Ihr Kind vergöttern und ihm alles durchgehen lassen. Um dies zu klären, empfehlen wir Ihnen, noch einmal einen Blick auf die Ergebnisse zu werfen, die Sie in dem Selbsttest «Erziehungsgrundsätze» erzielt haben. Achten Sie dabei vor allem auf Ihre persönliche Punktezahl bezüglich eines «permissiven» bzw. «autoritativen» Erziehungsstils.

Es folgen nun noch einige Kommentare zu den verschiedenen Wertebereichen, die sich auf den Verhaltensaspekt «Kontrolle und Überbehütung» beziehen.

- *Kontrolle und Überbehütung, mittlerer Wertebereich (11–15 Punkte)*: Ihre persönliche Punktezahl liegt in einem Bereich, in dem Sie zumindest gelegentlich bzw. in bestimmten Situationen versuchen, Ihr Kind besser «im Griff» zu haben – sei es, dass Sie dabei bestimmte Leistungsziele im Auge haben oder dass Sie befürchten, Ihr Kind könne auf irgendeine Weise Schaden nehmen. Solange dies nicht überhand nimmt, entspringt Ihr Verhalten einer nachvollziehbaren Sorge um das Wohlergehen Ihres Kindes. Insofern ist es eine ganz «normale» elterliche Reaktion, wenn Sie durch eine gesunde Dosis an Kontrolle zu erkennen geben, dass Sie sich um Ihr Kind kümmern. Prüfen Sie aber trotzdem noch einmal mit einem Blick auf die einzelnen Aussagen, ob Sie in jedem Fall Ihre Dosis an Kontrolle für angemessen halten.

- *Kontrolle und Überbehütung, unterer Wertebereich (8–10 Punkte)*: Es liegt Ihnen weitgehend fern, zu überprüfen, was Ihr Kind tut und lässt. Womöglich haben Sie die Erfahrung gemacht, dass Ihr Kind in aller Regel Ihr Vertrauen rechtfertigt. Vielleicht sind Sie auch davon überzeugt, dass Ihr Kind genügend Fähigkeiten hat, um schwierige Situationen selbst zu meistern, so dass Sie sich keine Sorgen machen müssen. Es kann aber auch sein, dass Sie Ihrem Kind gegenüber einfach nicht «penetrant» sein wollen. In diesem Fall sollten Sie sich vor Augen führen, dass Ihr Kind bisweilen auch eine Orientierungshilfe durch Sie braucht. Wir empfehlen, dass Sie zu diesem Thema noch einmal Ihre persönlichen Punktezahlen nachschlagen, die Sie in den beiden Selbsttests «Erziehungswerte» und «Erziehungsgrundsätze» erzielt haben. Achten Sie dabei vor allem auf die Aspekte «Individualität» und «autoritativer Erziehungsstil».
- *Kontrolle und Überbehütung, oberer Wertebereich (16–32 Punkte)*: Ihre persönliche Punktezahl spricht dafür, dass Sie eher nach der Maxime handeln «Vertrauen ist gut, Kontrolle ist besser» – und zwar umso mehr, je näher Sie an der maximalen Punktezahl liegen. Die Motive dafür können unterschiedlich sein. Klären Sie daher für sich, ob sich Ihr Kontrollbedürfnis eher auf die Leistungen Ihres Kindes bezieht oder ob Sie eine ausgeprägte Sorge haben, dass Ihr Kind ungute Erfahrungen machen könnte. Klären Sie auch, ob Sie auf bestimmte Kontrolltechniken zurückgreifen, z. B. indem Sie auf Ihr Kind psychischen Druck ausüben. In jedem Fall sollten Sie sich die Frage stellen, welche Konsequenzen es für Ihr Kind (und auch für Sie selbst) auf die Dauer hat, wenn Sie viel Energie darauf verwenden, Ihr Kind zu überwachen und in sein Leben einzugreifen.

Nachdem Sie nun für sich etwas genauer Ihre Erziehungs*haltung* bzw. Ihr Erziehungs*verhalten* geklärt haben, kehren wir noch einmal zu den drei zentralen Merkmalen, von «Freiheit in Grenzen» zurück und stellen die Frage, was damit im Einzelnen gemeint ist (siehe Abbildung 2).

«*Elterliche Wertschätzung*» äußert sich darin, dass Eltern

- die Einmaligkeit und Besonderheit ihrer Kinder anerkennen;
- ihre Kinder in allen Situationen respektvoll behandeln;
- ihre Kinder unterstützen und ihnen helfen, wann immer sie das brauchen;
- sich freuen, mit ihren Kindern zusammen zu sein und gemeinsame Aktivitäten genießen.

«*Fordern und Grenzensetzen*» bedeutet, dass Eltern

- ihren Kindern etwas zutrauen und Forderungen stellen, die ihre Entwicklung voranbringen;
- Konflikte mit ihren Kindern nicht scheuen, aber konstruktiv austragen;
- gegenüber ihren Kindern eigene Meinungen haben und diese überzeugend vertreten;
- klare, dem Entwicklungsstand ihrer Kinder angemessene Grenzen setzen und auf deren Einhaltung bestehen.

«*Gewähren und Fördern von Eigenständigkeit*» heißt für die Eltern, dass sie

- ihre Kinder mit ihren Bedürfnissen und Ansichten ernst nehmen;
- prinzipiell gesprächs- und kompromissbereit sind;
- ihren Kindern ein Optimum an eigenen Entscheidungen ermöglichen und dadurch ihre Entscheidungsfähigkeit und Selbstverantwortlichkeit stärken;
- ihren Kindern Möglichkeiten eröffnen, um eigene Erfahrungen zu sammeln.

An dieser Stelle möchten wir Sie dazu einladen, anhand der folgenden Leitfragen zu reflektieren, inwieweit Sie in Ihrem bisherigen Leben selbst Erfahrungen mit Wertschätzung, Grenzen setzen und testen bzw. im Erleben von Eigenständigkeit gemacht haben (**Reflexionsübung 1: Wertschätzung; Reflexionsübung 2: Grenzen; Reflexionsübung 3: Eigenständigkeit**).

Reflexionsübung 1: Wertschätzung

«Wo habe ich als Kind Wertschätzung erfahren?»

«Wo erfahre ich heute Wertschätzung?»

Reflexionsübung 2: Grenzen

«Welche Grenzen wurden mir als Kind gesetzt – wie habe ich sie getestet?»

«Welche Grenzen erlebe ich heute – teste/überschreite ich sie gelegentlich?»

Reflexionsübung 3: Eigenständigkeit

«Wie habe ich als Kind Eigenständigkeit gelernt?»

«Wie lebe ich meine Eigenständigkeit heute?»

Nun haben Sie schon etwas genauer kennen gelernt, was unter dem Erziehungskonzept «Freiheit in Grenzen» zu verstehen ist. In wesentlichen Punkten entspricht dieses Konzept den Vorstellungen von Erziehung, die im Fachjargon nach einem Vorschlag der amerikanischen Psychologin Diana Baumrind (1971) als «autoritative Erziehung» bezeichnet wird. Jahrzehntelang haben einschlägige Untersuchungen immer wieder gezeigt, dass dieses Erziehungskonzept vor allem für den westlichen Kulturkreis am ehesten geeignet ist, dass Kinder und Jugendliche sich – wie es im § 1 des deutschen Kinder- und Jugendhilfegesetzes gefordert wird – zu «eigenverantwortlichen und gemeinschaftsfähigen Persönlichkeiten» entwickeln (Bundesministerium für Familien, Senioren, Frauen und Jugend, 1995).

Es gibt aber auch das Erziehungskonzept «Grenzen ohne Freiheit», das für eine *autoritäre Erziehung* steht. Dies besagt, dass Eltern zu ihren Kindern eine wenig liebevolle und eher distanzierte Beziehung haben, dass sie von ihren Kindern viel fordern und ihnen in dem, was sie tun, enge und starre Grenzen setzen, und dass sie ihnen wenig Spielraum für eigene Entscheidungen und eigenständiges Handeln ermöglichen.

Schließlich sei auch noch das Erziehungskonzept «Freiheit ohne Grenzen» erwähnt, das in den beiden Varianten einer nachgiebigen und vernachlässigenden Erziehung vorkommt. *Nachgiebige Eltern* lassen ihren Kindern ein Übermaß an Zärtlichkeit und Verwöhnung zukommen, zugleich fordern sie aber auch wenig von ihnen und lassen ihnen vieles durchgehen, womit sie eine selbstverantwortliche Entwicklung ihrer Kinder untergraben. Hingegen sind *vernachlässigende Eltern* daran zu erkennen, dass sie weder eine liebevolle Beziehung zu ihren Kindern haben, noch sich um deren physisches und psychisches Wohlbefinden kümmern, und schließlich ihnen auch keine Orientierung für eine eigenständige und werteorientierte Weiterentwicklung geben.

Eine kompakte Zusammenfassung der drei Erziehungskonzepte und ihrer Spielarten vermittelt die **Abbildung 3**.

Dabei ist wichtig, dass sich alle drei Erziehungskonzepte als *Prototypen* hinsichtlich der Ausprägung der zentralen Merkmale «elterliche Wertschätzung», «Fordern und Grenzensetzen» sowie «Gewähren und Fördern von Eigenständigkeit» verstehen. Die in Abbildung 3 dargestellten beweglichen Scharniere zwischen diesen drei Merkmalen sollen veranschaulichen, dass es jeweils auch eine mehr oder weniger ausgeprägte Dosis an Einflüssen der einzelnen Merkmale geben kann – je nachdem, wie es die Situation gerade erfordert.

Hinzu kommt, dass es auch *Mischformen* zwischen den drei Erziehungsprinzipien gibt – so z. B. zwischen dem «Freiheit ohne Grenzen»- und dem «Grenzen ohne Freiheit»- Prinzip. Eine häufige Variante besteht z. B. darin, dass Eltern, die zu einem nachgiebigen Erziehungsverhalten neigen, in herausfordernden Situationen mit ihren Kindern letztlich resignieren und ihnen das letzte Wort überlassen. In manchen Fällen aber, wenn sich viel Ärger, Frust und Ohmacht darüber angesammelt hat, dass die Kinder einfach nicht tun, was man ihnen sagt oder was von ihnen erwartet wird, schlägt das nachsichtige Elternverhalten plötzlich in autoritäres Verhalten um. Was folgt, sind herabsetzende, möglicherweise unkon-

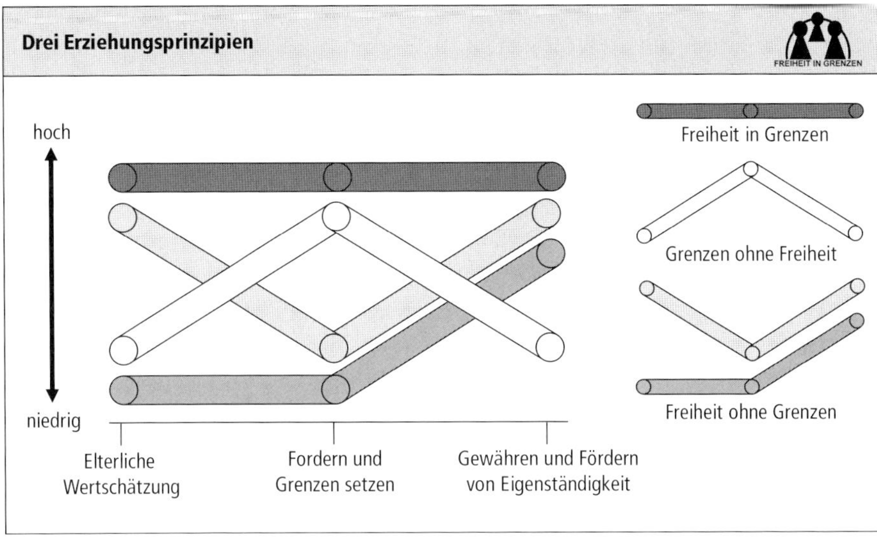

Abbildung 3: Drei Erziehungsprinzipien

trollierte Beschimpfungen und vielleicht auch körperliche Bestrafungen. Nicht selten sind solche Eltern im Nachhinein über ihre Entgleisungen entsetzt und entwickeln gegenüber ihren Kindern Schuldgefühle, was wiederum dazu führt, dass sie in der Folgezeit besonders nachsichtig mit ihnen umgehen. Und zwar so lange, bis das Fass erneut zum Überlaufen kommt und dieser besondere «Familientanz» von Neuem beginnt.

Insofern ist eine grundsätzliche Orientierung an dem Erziehungsprinzip «Freiheit in Grenzen» mit seinen zentralen Merkmalen und deren Kriterien besonders hilfreich – selbst wenn es gelegentlich mal zu einem «Ausrutscher» kommen sollte. Wirksam können die Kriterien des Erziehungsprinzips «Freiheit in Grenzen» allerdings nur werden, wenn die Eltern etwas tun, was ihnen niemand abnehmen kann: Sie müssen sich entscheiden – und zwar in dreierlei Hinsicht.

Erstens: Sie müssen – wie in dem obigen Selbsttest «Was ist Ihnen in der Kindererziehung wichtig?» – für sich selbst klären, welche Erziehungs- und Entwicklungsziele ihnen wichtig sind. Oder konkreter, um das bereits erwähnte Mülleimer-Beispiel noch einmal aufzugreifen: wollen sie *ernsthaft* etwas dafür tun, dass ihre Kinder sich zu gemeinschaftsfähigen Personen entwickeln?

Zweitens: Sie müssen für sich entscheiden, ob und wie sie für das genannte Beispiel das Ziel, ihre Kinder zur Gemeinschaftsfähigkeit zu erziehen, auch tatsächlich im alltäglichen Umgang mit ihnen *umsetzen* wollen – z. B. indem sie (Stichwort «Mülleimer entleeren») mit ihren Kindern Vereinbarungen über ihre Beteiligung an den Aufgaben im Haushalt treffen.

Drittens: Sie müssen für sich entscheiden, ob sie auch nach den Kriterien einer «guten» Erziehung *handeln* wollen und es dann auch wirklich *tun*. Vor allem dann, wenn die Dinge nicht so glatt laufen – z. B. wenn das Versprechen der Kinder, sich um den Abfall zu kümmern, nicht eingehalten wird.

Prinzipiell können sich Eltern also für oder gegen eine bestimmte Art von Erziehung entscheiden. Es kommt aber noch etwas Wichtiges hinzu: Auch Eltern sind «eigenwillige» Wesen und wollen sich nicht von jedermann sagen lassen, wie sie ihre Kinder zu erziehen haben. Aus diesem Grund wird mit dem interaktiven DVD-Elterncoach, den wir mit diesem Buch vorstellen, schon gar nicht erst der Versuch unternommen, den sprichwörtlichen «pädagogischen Zeigefinger» zu erheben. Vielmehr ist alles, was auf der DVD zu sehen, zu hören und zu lesen ist, als ein Angebot zu verstehen. Ein Angebot, das zum Nachdenken über «gute» und «weniger gute» Erziehung anregen soll. Und ein Angebot, aus dem vielfach bewährten Werkzeugkasten «guter» Erziehung die Werkzeuge auszuwählen (und vielleicht auch auszuprobieren), die für das eigene Erziehungskonzept passen. Im folgenden Kapitel wollen wir nun – verbunden mit einigen grundsätzlichen Informationen – einen etwas genaueren Blick in diesen Werkzeugkasten werfen.

3 Wege zu einer werte- und wachstumsorientierten Erziehung

In diesem Kapitel wollen wir uns zunächst mit einer These beschäftigen, die von manchen Experten wie von Eltern gleichermaßen vorgebracht wird – der These nämlich, dass Eltern in Wirklichkeit keinen entscheidenden Einfluss auf die Entwicklung ihrer Kinder haben und deswegen in Erziehungsfragen ohnmächtig sind. Im Anschluss daran wollen wir klären, was es eigentlich heißt, Eltern zu sein. Dann wenden wir uns den unterschiedlichen Aufgaben von Eltern zu, die sich nicht nur in der Erzieherrolle im engeren Sinne erschöpfen. In einem weiteren Abschnitt greifen wir noch einmal das Thema «Erziehungswerte» auf und gehen der Frage nach, was es heißt, wenn Eltern für ihre Kinder «nur das Beste» wollen. Schließlich stellen wir eine Reihe wichtiger Methoden vor, die Eltern dabei helfen können, herausfordernde «Familientänze» zu beenden.

3.1 Ohnmacht der Eltern – stimmt das?

Im Jahre 1995 veröffentlichte die Psychologin Judith Rich Harris in einer angesehenen amerikanischen Fachzeitschrift einen Artikel, der wie folgt beginnt: «Haben Eltern irgendeine Langzeitwirkung auf die Persönlichkeitsentwicklung ihres Kindes? Dieser Artikel prüft alle Argumente und kommt zu dem Schluss, dass die Antwort lautet: Nein.» 1998 hatte Harris diesen Artikel zu einem Buch erweitert, das in den USA zu einem Bestseller wurde. Im März 2000 wurde eine deutsche Übersetzung dieses Buches unter dem Titel «Ist Erziehung sinnlos?» veröffentlicht, wobei im Untertitel sogleich die Antwort auf diese Frage gegeben wird: «Die Ohnmacht der Eltern» – und zwar ohne Fragezeichen. Auf 610 Seiten entwickelt die Autorin ihre These, dass die beobachtbaren Persönlichkeitsunterschiede von Kindern im Wesentlichen auf zwei Einflussgrößen zurückzuführen sind, nämlich einerseits auf die genetische Ausstattung der Kinder und andererseits auf ihre Erfahrungen in der Gleichaltrigengruppe. Eltern spielen dabei keine Rolle, wenn man einmal davon absieht, dass sie im Falle einer leiblichen Elternschaft den Genotyp des Kindes bestimmen.

Nun ist die These von der genetischen Bestimmtheit menschlicher Verhaltensunterschiede nicht neu. So hat zuvor schon z. B. die amerikanische Verhaltensgenetikerin Sandra Scarr (1992, S. 10) behauptet, dass «elterliche *Unterschiede* hinsichtlich ihres Erziehungsstils, ihrer sozialen Schichtzugehörigkeit und ihres Einkommens geringe Effekte auf messbare *Unterschiede* in der Intelligenz, den Interessen und der Persönlichkeit bei ihren Kindern haben» (Hervorhebungen im Original). Dabei hatte sie allerdings auch hinzugefügt, dass dies nur zuträfe, wenn die kindliche Entwicklung in speziestypisch «durchschnittlich erwartbaren Umwelten» stattfinde, ohne freilich zu präzisieren, was dies genau bedeutet. Auch eine Reihe weiterer Verhaltensgenetiker hat sich der These von der weitgehenden genetischen Determiniertheit menschlicher Verhaltensunterschiede angeschlossen (z. B. Rowe, 1994 [deutsch 1997]; Cohen, 1999), wenngleich andere Experten auf diesem Gebiet durchaus eine differenziertere Haltung zu dieser Thematik einnehmen (vgl. z. B. Amelang, 2000; Bronfenbrenner, 2005; Collins und Koautoren, 2000, Maccoby, 2002).

Dass genetische Einflüsse in den Ansatz zur Erklärung von Unterschieden zwischen einzelnen Personen im Bereich kognitiven, emotionalen und sozialen Verhaltens mit einbezogen werden müssen, wird heutzutage auch von hart gesottenen Milieutheoretikern nicht mehr geleugnet. Selbst wenn man unterstellt, dass die Unterschiedlichkeit menschlichen Verhaltens zu etwa 50 % auf genetische Einflüsse zurückzuführen ist – eine Annahme, die in etwa den Schätzungen der modernen Verhaltensgenetik entspricht –, so ergibt sich immer noch eine erhebliche Variationsbreite für umweltbedingte Einflüsse. Für die Intelligenz z. B. umfasst diese Variationsbreite eine Spanne von mehr als 40 IQ-Punkten (vgl. Asendorpf, 1994). Ähnliches gilt auch für sozio-emotionale Merkmale wie Ängstlichkeit, Geselligkeit oder Aggressivität. Man gewinnt somit den Eindruck, dass die von Harris vorgetragene These von der «Ohnmacht der Eltern» vor allem der Entlastung der Eltern dient – insbesondere bei solchen Eltern, die im Umgang mit ihren Kindern Schwierigkeiten haben.

Allerdings würde man es sich zu leicht machen, wenn man mit dem Verweis auf genetische Argumente die angeblich ohnmächtigen Eltern aus ihrer Erziehungsverantwortung entlassen würde. Ohnmachtsgefühle haben nicht unbedingt etwas mit einem Mangel an faktisch bestehenden Einflussmöglichkeiten zu tun. Sie können auch darauf beruhen, dass durchaus bestehende Einflussmöglichkeiten nicht in angemessener Weise genutzt werden. Sind die Vertreter des genetisch untermauerten Ohnmachtsstandpunkts wirklich der Auffassung, dass Eltern z. B. auf die Förderung der Leistungsbereitschaft ihrer Kinder genauso wenig Einfluss haben wie auf das Eindämmen unkontrollierter Aggressivität? Die meisten Eltern wissen sehr wohl, wenn auch bisweilen nur vage, dass sie auf die Entwicklung ihrer Kinder Einfluss nehmen können – und zwar durchaus unter Berücksichtigung der Besonderheiten und auch «Eigenwilligkeiten» ihrer Kinder. Freilich fehlt es Eltern nicht selten an einem konkreten Wissen, welche Optionen bestehen, um die positive Persönlichkeitsentwicklung ihrer Kinder voranzubringen, und mehr noch an den entsprechenden Fähigkeiten, dieses Wissen in konkreten Situationen in erzieherisches Handeln umzusetzen.

Es lohnt sich also, jenseits aller genetischen Unterschiedlichkeit dem nachzuspüren, was Eltern, die in der Regel für ihre Kinder ja «nur das Beste» wollen, tatsächlich tun. Vor allem aber, was sie tun können, um bei ihren Kindern «das Beste» zur Entfaltung zu bringen. Bevor wir uns dieser Frage zuwenden, wollen wir uns zunächst noch Klarheit über einige grundlegende Funktionen elterlicher Erziehung verschaffen.

3.2 Eltern sein heißt nicht nur Erziehen

Trotz eines von vielen Seiten diagnostizierten Funktionsverlusts der Familie besteht nach wie vor Einigkeit darüber, dass die Erziehung und Sozialisation ihrer Kinder zu den wichtigsten Aufgaben von Eltern gehört. Der Sozialwissenschaftler Bernhard Schäfers (1990) spricht in diesem Zusammenhang sogar von der «Zentralfunktion» der Familie als einer gesellschaftlichen Institution. Von dem Soziologen Kurt Lüscher (1989, S. 101 ff) stammt die hilfreiche Unterscheidung zwischen familialen Aufgaben und Leistungen. Als zentrale *Aufgabe* von Familie betrachtet er in diesem Zusammenhang die Gestaltung einer «Lebensform für verlässliche Beziehungen zwischen den Generationen und Geschlechtern», die – vermittelt durch Tätigkeiten wie «Haushalten, Wohnen, Pflegen, Erziehen, interne und externe Beziehungen» – zu zwei miteinander verknüpften *Leistungen* führen soll, nämlich der Herausbildung von «individueller und kollektiver Identität».

Unterstellt man, dass der Mensch als biopsychosoziale Einheit vor allem in seiner frühen Entwicklungsphase auf schützende und pflegende Beziehungen angewiesen ist, wird die Bedeutung dessen, was gewöhnlich unter dem Begriff «Sozialisation» beschrieben wird, in besonderer Weise sichtbar. Klaus Hurrelmann und Dieter Ulich (1991, S. 6 ff.) definieren Sozialisation in prägnanter Kürze als «Mitglied-*Werden* in einer Gesellschaft» (Hervorhebung im Original). Gemeint ist damit ein Vorgang, der seitens des Individuums in aktiver Auseinandersetzung mit sich und seiner Umwelt durch eine Fülle von Lern- und Erfahrungsprozessen gekennzeichnet ist. In aller Regel beginnt dieser Prozess des Mitglied-Werdens in der Familie – dies in einer Weise, dass zunächst vornehmlich außenbestimmte Sozialisationseinflüsse zunehmend verinnerlicht werden und die Basis für eine sich stetig erweiternde *Selbstsozialisation* abgeben.

Während familiale Sozialisationsprozesse für die einzelnen Mitglieder eines Familiensystems vielfältige, auch unbeabsichtigte Lernerfahrungen im Umgang mit ihrer sozio-materiellen Umwelt umfassen, bezieht sich der Begriff der «Erziehung» im Kontext der Familie auf absichtsvolle und zielgerichtete Handlungen. Sie werden in der Regel von Seiten der Eltern (bisweilen aber auch von anderen Familienmitgliedern wie Geschwistern oder Großeltern) geäußert, um beim Kind die Aneignung wünschenswerter und die Verhinderung unerwünschter Erfahrungs- bzw. Verhaltensmuster zu bewirken (vgl. Brezinka, 1989). Mit zunehmendem Erfahrungserwerb und wachsender Handlungsfähigkeit gehen – ähnlich wie beim Sozialisationsprozess – die von außen an das Kind herangetragenen Bemühungen, seine Persönlichkeitsentwicklung zu beeinflussen, in einen Prozess der *Selbsterziehung* über. Mit anderen Worten: Die Selbststeuerung des Kindes im Sinne selbst initiierter Zielsetzungen und entsprechender Handlungsbemühungen in unterschiedlichen Lebensbereichen nimmt im Laufe seiner Entwicklung mehr und mehr zu. Der zunächst von außen, später zunehmend von innen gesteuerte Prozess der Selbsterziehung führt letztlich – je nachdem, wie erfolgreich dieser Prozess verlaufen ist – zu einer mehr oder minder starken Ausprägung von Selbstverantwortlichkeit als Grundvoraussetzung für eine eigenständige Lebensführung (vgl. Schneewind, 2008b).

Vor dem Hintergrund dieser knappen Kennzeichnung familialer Sozialisations- und Erziehungsprozesse sollen nun in Anlehnung an die amerikanischen Psychologen Ross Parke und Raymond Buriel (2006) drei zentrale Funktionen von Eltern im Umgang mit ihren Kindern etwas näher beleuchtet werden. In **Abbildung 4** findet sich eine Veranschaulichung dieser drei Elternfunktionen im Hinblick auf kindliche Sozialisationseffekte.

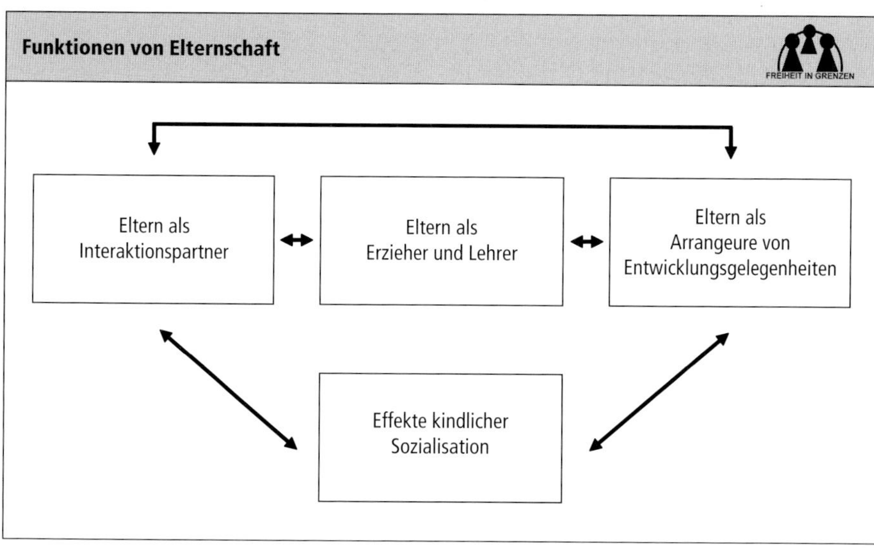

Abbildung 4: Funktionen von Elternschaft

Die in Abbildung 4 dargestellten drei Elternfunktionen stehen sowohl untereinander als auch hinsichtlich der Effekte, die sie bei ihren Kindern erzeugen, in einem Wechselbeziehungsverhältnis.

Eltern als Interaktionspartner

In erster Linie sind die Eltern für ihre Kinder Interaktionspartner. Durch die Art, wie Eltern auf ihre Kinder eingehen und mit ihnen umgehen, nehmen sie schon früh Einfluss auf die Qualität kindlicher Bindungserfahrungen, in denen wechselseitige Beziehungsmuster zwischen Elternperson und Kind erkennbar werden. In Abbildung 4 wird dieses reziproke Beziehungssystem durch einen Doppelpfeil symbolisiert.

In der gegenwärtig hoch im Kurs stehenden Bindungsforschung (vgl. Grossmann & Grossmann, 2004), die auf den englischen Kinderpsychiater John Bowlby (1969) zurückgeht, hat sich für die Etablierung einer sicheren Bindung des Kindes an seine primären Bezugspersonen – in den meisten Fällen sind dies die Eltern – eine Reihe von Charakteristika des elterlichen Interaktionsverhaltens ergeben. Hierzu gehören u. a. folgende sechs Kriterien:

- *Sensitivität*, d. h. das prompte und angemessene Reagieren auf kindliche Signale;
- *positive Haltung*, d. h. die Äußerung von positiven Gefühlen und Zuneigung gegenüber dem Kind;
- *Synchronisation*, d. h. die sanfte Abstimmung von Interaktionsabläufen im Zusammensein mit dem Kind;
- *Wechselseitigkeit*, d. h. die Gestaltung von Interaktionen, in denen sich Elternperson und Kind auf denselben Gegenstand beziehen;
- *Unterstützung*, d. h. eine aufmerksame Zuwendung und emotionale Hilfestellung bei kindlichen Aktivitäten;
- *Stimulation*, d. h. eine häufige Interaktionsaufnahme mit dem Kind (vgl. De Wolff & van Ijzendoorn, 1997).

Es sind dies Kennzeichen des elterlichen Interaktionsverhaltens, die in der frühen Entwicklung des Kindes zu engen affektiven Bindungen zwischen Elternperson und Kind führen, so dass die Kinder mit hoher Wahrscheinlichkeit eine sichere Bindung entwickeln. Dieses «affektive Band» soll dem menschlichen Säugling zum einen Schutz vor lebensbedrohlichen Beeinträchtigungen und sonstigen Widrigkeiten bieten, auf die er wegen seines noch nicht ausgebildeten Repertoires an Bewältigungsmöglichkeiten nicht angemessen reagieren kann. Zum anderen soll die affektive Bindung an eine oder mehrere Pflegepersonen eine möglichst sichere Basis für die Erkundung und schrittweise Eroberung der Welt darstellen. Es werden damit theoretisch zwei miteinander verschränkte Motivations- und Verhaltenssysteme unterstellt, die einerseits einem Bedürfnis nach Bindung oder Bezogenheit und andererseits einem Bedürfnis nach Autonomie im Sinne einer eigenständigen Weltaneignung entspringen.

In der bisherigen Forschung haben sich vor allem vier verschiedene Bindungsstile herausgeschält. Es wird dabei zwischen einem sicheren, vermeidenden, ängstlich-ambivalenten und desorganisierten Bindungsstil unterschieden. Für diese vier Bindungsstile hat sich gezeigt, dass die zentralen Bezugspersonen – in der Regel sind es zunächst vor allem die Mütter – ein jeweils charakteristisches Pflege- und Erziehungsverhalten zeigen:

- Mütter *sicher gebundener Kinder* zeichnen sich vornehmlich durch ein hohes Maß der oben bereits genannten Merkmale wie Sensitivität, positive Haltung etc. aus.
- Mütter von Kindern mit einem *vermeidenden Bindungsverhalten* tendieren hingegen dazu, sich eher abweisend, starr, kontaktunfreudig, unfreundlich und feindselig zu verhalten.
- Mütter von Kindern mit einem *ängstlich-ambivalenten Bindungsstil* erweisen sich als wenig einfühlsam und sind zugleich aufdringlich und inkonsistent in ihrem Verhalten.
- Für den *desorganisierten Bindungsstil* werden auf der Elternseite unverarbeitete Traumatisierungen (z. B. aufgrund von Verlust- oder Misshandlungserfahrungen) vermutet, was sich u. a. in starken Affektschwankungen im Verhältnis zum Kind niederschlägt (vgl. zusammenfassend hierzu Gloger-Tippelt, 2000).

Die Qualität der Bindungserfahrungen bestimmt entscheidend die Ausgestaltung des *internen Arbeitsmodells* beim heranwachsenden Kind. Interne Arbeitsmodelle sind gewissermaßen personintern repräsentierte Abbilder spezifischer Bindungserfahrungen. Sie schlagen sich nieder in affektiv getönten Vorstellungen über sich selbst und wichtige Bezugspersonen, die sich aufgrund der Interaktion mit diesen Personen ergeben. Je nachdem welche Bindungserfahrungen gemacht werden, entwickeln sich unterschiedliche mentale Repräsentationen vom Selbst und von der Bezugsperson. Es wird angenommen, dass diese mentalen Repräsentationen oder internen Arbeitsmodelle in einer lebenslangen Perspektive die Selbst- und Beziehungsentwicklung einer Person mehr oder minder entscheidend mit beeinflussen.

Darüber hinaus konnte in einer Reihe von Längsschnittstudien nachgewiesen werden, dass der ausgebildete Bindungsstil bis zu einem gewissen Grad auch die Art der Sozialbeziehungen in anderen Kontexten (z. B. im Kindergarten und in der Schule) und die Entwicklung individueller Differenzen hinsichtlich einer Reihe von Persönlichkeitsmerkmalen (z. B. Selbstvertrauen, soziale Kompetenz, emotionales Wohlbefinden) vorherzusagen vermag (vgl. Grossmann & Grossmann, 2004).

All diese Befunde haben dazu geführt, das Konzept des «attachment parenting» (zu deutsch etwa: bindungsförderndes Elternverhalten) zu propagieren (vgl. Kennedy, 1999; Sears & Sears, 1995). Vor allem in den ersten eineinhalb Jahren soll durch *bindungsförderndes Elternverhalten* eine positive emotionale Beziehungsgrundlage für die weitere kindliche Entwicklung gelegt werden. Zu berücksichtigen ist dabei freilich, dass einerseits auf die Qualität des elterlichen Interaktionsverhaltens eine Fülle moderierender Einflüsse einwirkt, zu denen neben kindlichen Temperamentsmerkmalen auch Kontextfaktoren wie Armut, eine belastete Elternpersönlichkeit und dysfunktionale Paarbeziehungen gehören (vgl. NICHD Early Child Care Research Network, 2005). Darüber hinaus sind frühe Eltern-Kind-Beziehungen, die auf eine sichere Bindung hinweisen, auch wenn sie eine gute Basis für eine positiv verlaufende Selbstsozialisation und -entwicklung darstellen, kein Garant für eine lebenslang anhaltende sichere Bindungsorientierung und auch nicht für eine positiv verlaufende Persönlichkeitsentwicklung der Kinder. Im weiteren Verlauf der kindlichen Entwicklung bedarf es einer Reihe zusätzlicher elterlicher Kompetenzen, auf die wir weiter unten noch ausführlicher zu sprechen kommen.

Eltern als Erzieher und Lehrer

Während Eltern als Interaktionspartner im Umgang mit ihren Kindern häufig keine ausdrücklichen erzieherischen Absichten mit ihrem Verhalten verbinden, ist dies anders, wenn sie explizit eine Erzieher- bzw. Lehrerrolle einnehmen. Vielleicht wollen Sie sich – bevor Sie weiter lesen – noch einmal Ihre Ergebnisse der drei Selbsttests zu den Themen «Erziehungswerte» (S. 17), «Erziehungsgrundsätze» (S. 23) und «Erziehungsverhalten» (S. 30) vergegenwärtigen.

Allgemein gesprochen greifen Eltern, wenn Sie sich in der Erzieher- oder Lehrerrolle befinden, auf bestimmte Handlungen zurück, von denen sie mehr oder minder überzeugt sind, dass sie im Hinblick auf ihre Erziehungs- und Bildungsabsichten zielführend sind. Die elterlichen Ziele können sich u. a. auf folgende Aspekte beziehen:

- das Äußern oder Unterlassen konkreter kindlicher *Verhaltensweisen* (z. B. wenn es um einigermaßen erträgliche Tischmanieren oder um körperliche Aggressionen geht);
- die Ausbildung erwünschter bzw. die Unterdrückung unerwünschter *Fähigkeiten und Eigenschaften* (z. B. die Kultivierung von Intelligenz und Kreativität oder das Nicht-Zulassen von Überheblichkeit und sozialer Gleichgültigkeit);
- die Verinnerlichung bestimmter *Normen und Werthaltungen* (z. B. die Orientierung an demokratischen Regeln des Miteinander-Umgehens oder die Befolgung grundlegender Prinzipien moralischen Urteilens und Handelns).

Dabei benutzen Eltern eine Vielfalt von «Methoden», um die Ziele, die ihnen im Hinblick auf das Verhalten und die Entwicklung ihrer Kinder wichtig sind, zu erreichen. Diese umfassen Maßnahmen,

- die bei ihren Kindern bestimmte Handlungen und Entwicklungseffekte *initiieren* sollen (z. B. Anregen, Zeigen, Überzeugen, Überreden, Vormachen),
- die diese initiierten Prozesse *begleiten* sollen (z. B. Unterstützen, Mitmachen, Erklären, In-Gang-Halten, Coachen) und schließlich
- die erwünschte Effekte kindlicher Aneignungsbemühungen *festigen* sollen (z. B. durch Loben, Wertschätzen, Kommentieren, Belohnen, Sich-Freuen).

Bisweilen kommt es allerdings auch zu *weniger effektiven Formen* elterlicher Erziehungs- und Bildungsbemühungen, zumal wenn es dabei in den Augen der Eltern um unerwünschtes oder inakzeptables Verhalten ihrer Kinder geht. Verbale Abwertungen (z. B. Beschimpfungen, Demütigungen, Lächerlichmachen, Liebesentzug) und auch körperliche Bestrafung (z. B. Ohrfeigen, Schläge, Prügel) sind Beispiele hierfür.

In den bisher genannten Beispielen geht es vornehmlich darum, dass es elterliche und nicht etwa kindliche Ziele sind, die die Eltern bei ihren Kindern zu erreichen versuchen. Die Eltern tun dies in der Regel in der Hoffnung, dass die Kinder diese Ziele verinnerlichen und zu ihren eigenen machen. Dadurch würde – aus Sicht der Eltern – schließlich der Übergang von der anstrengenden *Fremderziehung bzw.-bildung* zur entlastenden *Selbsterziehung bzw. -bildung* erreicht.

Daneben gibt es allerdings noch erzieherische Situationen, in denen die Kinder von sich aus mehr oder minder rudimentäre Formen der Selbsterziehung bzw. Selbstbildung zu erkennen geben, so z. B. wenn sie mehr über etwas ihnen Unvertrautes oder Unverständliches wissen wollen oder wenn sie bei bestimmten Aktivitäten Hilfestellung benötigen. An dieser Stelle können Eltern als Erzieher tätig werden, indem sie ihre Kinder z. B. durch Auskunftgeben, Erklären, Interpretieren, Deuten, Vertiefen, Helfen, Gemeinsam-Machen in ihrer Entwicklung unterstützen.

Es liegt nahe, dass Eltern dies umso bereitwilliger tun, je mehr sie die kindlichen Aktivitäten als zielführend für ihre eigenen Erziehungs- und Bildungsabsichten halten und je mehr sie davon überzeugt sind, dass sie durch die Maßnahmen, die sie dabei einsetzen, die beabsichtigten Entwicklungseffekte bei ihren Kindern auch tatsächlich beeinflussen können. Unabhängig von diesen Bedingungen scheint es für die Eltern leichter zu sein, den Prozess der kindlichen Selbstentwicklung zu unterstützen, wenn die Kinder von sich aus Impulse zeigen, die geeignet sind, diesen Prozess voranzutreiben.

Eltern als Arrangeure von Entwicklungsgelegenheiten

Diese dritte Funktion des Elternseins steht zwar häufig im Dienste des zuvor genannten Aspekts, wonach Eltern unmittelbar als Erzieher tätig werden, ist jedoch weniger dadurch belastet, was der Erziehungswissenschaftler Horst Domke (1997) als die «Zudringlichkeit» direkter Erziehung bezeichnet hat. Stattdessen können die Eltern, indem sie *Erfahrungs- und Entwicklungsgelegenheiten* schaffen, die ihre Kinder eigenständig nutzen, zum einen viel zur Entschärfung des Zudringlichkeitsproblems beitragen und zum anderen auf dem Wege indirekter Erziehung dennoch die beabsichtigten Entwicklungseffekte fördern. Das *Arrangement von Entwicklungsgelegenheiten* erfordert jedoch in nicht geringem Maße pädagogische Kompetenz und Behutsamkeit.

- *Erstens* geht es dabei darum, solche Entwicklungsgelegenheiten zu schaffen, die dem jeweiligen Entwicklungsstand des Kindes angemessen und zugleich für die

Entwicklungsfortschritte des Kindes förderlich sind. Hierzu sind grundlegende entwicklungspsychologische Kenntnisse ebenso erforderlich wie eine angemessene Umsetzung dieser Kenntnisse. Als Beispiel sei hierfür das häusliche Niveau an sozialer und materieller Anregung zur Förderung von Intelligenz und Leistungsmotivation genannt (vgl. Bradley, 1999; Trudewind, 1975).

- *Zweitens* geht es nicht nur um die Auswahl von mutmaßlich positiven Entwicklungsumwelten, mit denen die Eltern ihre Kinder in Berührung bringen wollen, sondern auch um das Ausklammern von potentiell schädlichen Entwicklungsumwelten. Dies betrifft zum einen z. B. das Arrangement von Gelegenheiten, die es Kindern erleichtern, Freundschaften zu knüpfen und weiterzuentwickeln, etwa indem sich die Eltern aktiv um die Sozialkontakte mit Gleichaltrigen kümmern. Andererseits geht es aber auch darum, dass Eltern ihre Kinder vor abträglichen Beziehungen mit Gleichaltrigen abschirmen, um z. B. Kontakte mit delinquenten oder drogengefährdeten Kindern und Jugendlichen zu verhindern. Dies hat viel mit der Bedeutung zu tun, die Eltern der Überwachung kindlicher Aktivitäten und der Einhaltung von Vereinbarungen im Umgang mit ihren Freunden beimessen. An dieser Stelle wird deutlich, dass das Arrangement kindlicher Entwicklungsgelegenheiten den Eltern ein hohes Maß an Bewusstsein für die Qualität und Selektion des Umweltangebots abverlangt.
- *Drittens* können Eltern als Arrangeure kindlicher Entwicklungsgelegenheiten auch einen Beitrag dazu leisten, dass sie – wie Domke (1997, S. 82) es formuliert – «negative Bedingungen des Aufwachsens entschärfen.» An erster Stelle ist hier an die Qualität der Beziehung der Eltern untereinander zu denken, da ja aus Sicht der Kinder Eltern einen wichtigen Teil ihrer sozialen Umwelt ausmachen. Die empirischen Belege dafür, dass Eltern mit konflikthaften Partnerbeziehungen in beträchtlichem Maße die Entwicklung ihrer Kinder im Rahmen der «Kleinökologie der Familie» belasten, sind inzwischen unbestritten (vgl. Cummings & Davies, 2002).

Nicht selten drücken sich belastete Paarbeziehungen auch in einer mangelnden Übereinstimmung in Erziehungsfragen aus. Deswegen ist es wichtig, dass Eltern ein gut funktionierendes Erziehungsteam sind, das sich im Umgang mit ihren Kindern solidarisch verhält und an einem Strang zieht. Mit anderen Worten: Es geht um eine tragfähige Erziehungspartnerschaft oder – wie es im Fachjargon heißt – um eine fundierte Elternallianz, die Kindern deutlich macht, dass ihre Eltern mit einer Zunge sprechen – und auch danach handeln. An dieser Stelle schlagen wir Ihnen erneut einen kleinen Selbsttest vor, der Ihnen einen Eindruck verschafft, wie Sie Ihre Elternallianz selbst einschätzen (**Selbsttest 4: Elternallianz**).

Selbsttest 4: Elternallianz

Was passiert zwischen Ihrem Partner und Ihnen, wenn es um ihr Kind geht?

Die folgenden Aussagen beziehen sich darauf, was zwischen Ihrem Partner und Ihnen vorgeht, wenn es um Ihr Kind geht. Auch wenn Sie keine Antwort finden, die exakt beschreibt, was Sie denken, kreuzen Sie bitte an, was Ihrer Meinung am nächsten kommt. Verlassen Sie sich dabei auf die Antwort, die Ihnen als erste in den Sinn kommt. Für die einzelnen Aussagen stehen Ihnen folgende Antwortmöglichkeiten zur Verfügung:

	trifft überhaupt nicht zu 1	trifft nicht zu 2	bin mir nicht sicher 3	trifft zu 4	ganz besonders wichtig 5
(1) Mein Partner genießt es, wenn er mit unserem Kind allein zusammen ist.	☐	☐	☐	☐	☐
(2) Während der Schwangerschaft hat mein Partner sein Vertrauen über meine Fähigkeit, eine gute Mutter/ein guter Vater zu sein, zum Ausdruck gebracht.	☐	☐	☐	☐	☐
(3) Wenn es ein Problem mit unserem Kind gibt, finden wir gemeinsam eine gute Lösung.	☐	☐	☐	☐	☐
(4) Mein Partner und ich können uns gut über unser Kind verständigen.	☐	☐	☐	☐	☐
(5) Mein Partner ist bereit, persönliche Opfer zu erbringen, wenn es darum geht, sich um unser Kind zu kümmern.	☐	☐	☐	☐	☐
(6) Mit meinem Partner über unser Kind zu sprechen, ist etwas, worauf ich mich freue.	☐	☐	☐	☐	☐
(7) Mein Partner widmet unserem Kind eine Menge Aufmerksamkeit.	☐	☐	☐	☐	☐
(8) Mein Partner und ich sind einer Meinung darüber, was unserem Kind erlaubt oder nicht erlaubt werden sollte.	☐	☐	☐	☐	☐
(9) Ich fühle mich meinem Partner nahe, wenn ich sehe, wie er mit unserem Kind spielt.	☐	☐	☐	☐	☐
(10) Mein Partner versteht es, mit Kindern gut umzugehen.	☐	☐	☐	☐	☐
(11) Mein Partner und ich sind als Eltern ein gutes Team.	☐	☐	☐	☐	☐
(12) Mein Partner ist davon überzeugt, dass ich eine gute Mutter/ein guter Vater bin.	☐	☐	☐	☐	☐
(13) Ich bin davon überzeugt, dass mein Partner eine gute Mutter/ein guter Vater ist.	☐	☐	☐	☐	☐
(14) Mein Partner erleichtert mir meine Aufgabe als Mutter/Vater.	☐	☐	☐	☐	☐
(15) Mein Partner sieht unser Kind in der gleichen Weise wie ich es tue.	☐	☐	☐	☐	☐

Was passiert zwischen Ihrem Partner und Ihnen, wenn es um ihr Kind geht?

Die folgenden Aussagen beziehen sich darauf, was zwischen Ihrem Partner und Ihnen vorgeht, wenn es um Ihr Kind geht. Auch wenn Sie keine Antwort finden, die exakt beschreibt, was Sie denken, kreuzen Sie bitte an, was Ihrer Meinung am nächsten kommt. Verlassen Sie sich dabei auf die Antwort, die Ihnen als erste in den Sinn kommt. Für die einzelnen Aussagen stehen Ihnen folgende Antwortmöglichkeiten zur Verfügung:

	trifft überhaupt nicht zu 1	trifft nicht zu 2	bin mir nicht sicher 3	trifft zu 4	ganz besonders wichtig 5
(16) Mein Partner würde unser Kind im Wesentlichen in der gleichen Weise beschreiben wie ich.	☐	☐	☐	☐	☐
(17) Wenn es erforderlich ist, unser Kind zu bestrafen, sind mein Partner und ich gewöhnlich über die Art der Bestrafung einer Meinung.	☐	☐	☐	☐	☐
(18) Ich stimme mit der Einschätzung meines Partners überein, was für unser Kind richtig ist.	☐	☐	☐	☐	☐
(19) Mein Partner sagt mir, dass ich eine gute Mutter/Vater bin.	☐	☐	☐	☐	☐
(20) Mein Partner und ich haben die gleichen Ziele für unser Kind.	☐	☐	☐	☐	☐

Der Selbsttest 4 «Elternallianz» hat zum Thema, wie gut Eltern, die beide Erziehungsverantwortung für ihr Kind haben, in Erziehungsfragen zusammenspielen und als Erziehungsteam funktionieren. Mit anderen Worten: es geht darum, wie sehr Eltern in der Erziehung Ihres Kindes «an einem Strang ziehen», wobei es freilich nicht unwesentlich ist, an *welchem* Strang sie ziehen (siehe hierzu den Selbsttest «Erziehungswerte») und *wie* sie daran ziehen (siehe die beiden Selbsttests «Erziehungsgrundsätze» und «Erziehungsverhalten»).

Um herauszufinden, wie es um Ihre eigene Elternallianz im Vergleich zu anderen Elternpaaren bestellt ist, empfehlen wir Ihnen folgendes Vorgehen:

Nachdem Sie den Selbsttest «Elternallianz» vollständig ausgefüllt haben, addieren Sie die Zahlenwerte Ihrer Antworten und tragen die Gesamtsumme in die unten stehende Tabelle (**Tabelle 5**) unter «Meine persönliche Punktezahl» ein. Nun können Sie sich anhand Ihrer persönlichen Punktezahl mit den entsprechenden Werten anderer Eltern vergleichen. Wiederum liegen hierzu die Befragungsergebnisse von 266 Eltern zugrunde, wobei die Punktezahlen theoretisch zwischen einem Minimalwert von 20 und einem Maximalwert von 100 variieren können. Auch in diesem Fall gilt wie für die Selbsttests «Erziehungswerte», «Erziehungsgrundsätze» und «Erziehungsverhalten», dass für die Auswertungstabelle ein mittlerer, unterer und oberer Wertebereich gebildet wurde. Dabei entfallen auf den mittleren Wertebereich ca. 60 Prozent und auf die beiden anderen jeweils ca. 20 Prozent der Befragten.

Tabelle 5: Auswertungstabelle für den Selbsttest 4 «Elternallianz»

Auswertungstabelle für den Selbsttest «Elternallianz»

	Meine persönliche Punktezahl	unterer Bereich	mittlerer Bereich	oberer Bereich
Elternallianz	☐	20–69	70–90	91–100

Es folgt nun jeweils ein kurzer Kommentar zu den drei Wertebereichen.

- *Elternallianz, mittlerer Wertebereich (70–90 Punkte)*: Wenn Ihre persönliche Punktezahl in diesem mittleren Bereich liegt, bedeutet dies, dass Sie einem Großteil der Aussagen, die für eine gut funktionierende Elternallianz sprechen, zustimmen können. Dies bezieht sich vor allem auf die Einschätzung, dass Ihr Partner die Elternrolle kompetent ausfüllt, dass er Sie selbst als fähige Elternperson wahrnimmt und dass Sie in Erziehungsfragen gut miteinander reden können, gemeinsame Ansichten haben und zu brauchbaren Lösungen kommen. Haben Sie weniger als 80 Punkte aufzuweisen, sind Sie sich in der einen oder anderen Aussage in dem Selbsttest jedoch nicht ganz sicher. Es empfiehlt sich daher, diese Punkte genauer anzusehen und gegebenenfalls mit Ihrem Partner darüber zu sprechen.

- *Elternallianz, unterer Bereich (20–69 Punkte)*: Liegt Ihre persönliche Punktezahl bei einem Wert unter 70, sind Sie häufiger unsicher, ob zwischen Ihnen und Ihrem Partner genügend Gemeinsamkeiten in Fragen der Kindererziehung bestehen. Dies ist umso stärker ausgeprägt, je geringer Ihre Punktezahl ausgefallen ist. Bei einer Punktezahl, die zwischen 40 und 60 liegt, sollten Sie auf jeden Fall genau hinsehen, bei welchen Themen zwischen Ihnen wenig Einigkeit besteht. Es ist sehr wichtig, dass Sie dann das Gespräch mit Ihrem Partner suchen oder dass Sie – wenn Sie die Befürchtung haben, dass ein derartiges Gespräch wenig konstruktiv verlaufen könnte – einen professionellen Gesprächsbegleiter hinzuziehen. Bedenken Sie auch, dass bisweilen Uneinigkeiten über Fragen der Kindererziehung tiefer liegende Gründe haben können, die mit Ihrer Beziehung als Paar zu tun haben. Dies sollte auf jeden Fall das Signal für Sie sein, sich um eine professionelle Paar- oder Familienberatung zu bemühen.
- *Elternallianz, oberer Wertebereich (91–100 Punkte)*: Wenn Sie eine persönliche Punktezahl in diesem Bereich haben und womöglich auch Ihr Partner, können Sie sich glücklich schätzen. Sie verfügen dann nicht nur über eine sehr große Einigkeit, was die Erziehung Ihres Kindes anbelangt, sondern Sie können sich auch gut über aufkommende Probleme verständigen und sich bei deren Lösung gegenseitig unterstützen. Hinzu kommt noch ein weiterer wichtiger Punkt: Sie bringen sich jeweils in der Art, wie Sie Ihre Elternrolle ausüben, wechselseitig ein hohes Maß an Wertschätzung entgegen. All dies bleibt auch Ihrem Kind nicht verborgen und trägt dazu bei, dass es sich in Ihrer Familie wohl fühlen kann.

Während die Eltern für belastete Partnerbeziehungen oder eine mangelnde Elternallianz und die daraus entstehenden Entwicklungsrisiken ihrer Kinder in gewisser Weise als «verantwortlich» angesehen werden können, gilt dies für andere, nicht selten auch familienextern verursachte Belastungsfaktoren, wie Armut, Arbeitslosigkeit und Krankheit in der Regel in weit geringerem Maße (Böhmert, 2008). So ist z. B. Armut eine Einflussgröße, die u. a. zu einer erhöhten elterlichen Depressionsneigung führen kann, die sich dann unmittelbar – daneben aber auch auf indirektem Wege über gehäufte Partnerkonflikte – auf ein wenig unterstützendes und engagiertes Erziehungsverhalten auswirkt. Dies erhöht wiederum bei den Kindern im Sinne eines sich verstärkenden Teufelskreises der Eltern-Kind-Interaktionen die Wahrscheinlichkeit für die Entstehung und Verfestigung kindlicher Verhaltensstörungen. Diese können externalisierender Art sein (z. B. Aggressivität, Unlenkbarkeit, Delinquenz) oder internalisierende Effekte umfassen (z. B. Ängstlichkeit, Depressivität, soziale Teilnahmslosigkeit). Auf jeden Fall wird an dieser Stelle auch ein sozial- und familienpolitischer Handlungsbedarf erkennbar, um einen Beitrag zur Entschärfung negativer Bedingungen des Aufwachsens zu leisten.

3.3 Erziehungswerte: Eltern wollen für ihre Kinder «nur das Beste»

Die meisten Eltern lieben ihre Kinder und wollen «nur das Beste» für sie.

Wenn man sie genauer danach befragt, was sie denn eigentlich meinen, wenn sie «nur das Beste» für ihre Kinder wollen, dann können sie schon ein wenig präziser werden. Bevor Sie weiterlesen, möchten wir Sie an dieser Stelle dazu einladen, kurz inne zu halten und sich zu überlegen, was Sie auf diese Frage spontan antworten würden und Ihre Gedanken dazu hier niederzuschreiben:

Reflexionsübung 4: Was meine ich mit: «Ich will nur das Beste für mein Kind?»

Was meine ich mit: «Ich will nur das Beste für mein Kind?»

Lesen Sie nun, was viele Eltern meinen, wenn Sie «das Beste» für ihre Kinder wollen. Sie wollen z. B.:

- dass ihre Kinder gesund sind und ihnen keine schweren Krankheiten oder Unfälle zustoßen;
- dass ihre Kinder glücklich, fröhlich und unbeschwert sind;
- dass sie etwas lernen und im Leben erfolgreich sind;
- dass sie verantwortungsvoll handeln und für sich gute Entscheidungen treffen;
- dass sie selbstständig sind und Probleme allein lösen können;
- dass sie mit anderen gut auskommen, Freunde haben und in positiven Beziehungen leben;
- dass sie einen «guten Charakter» haben, was soviel heißt, dass sie sich z. B. um andere kümmern und nicht nur auf ihre eigenen, sondern auch auf die Gefühle und Bedürfnisse anderer achten.

Vielleicht haben ja auch Sie selbst den einen oder anderen Punkt aus dieser Aufzählung genannt. Eines dürfte jedoch klar sein:

Um all dies zu erreichen, geht es nicht, ohne dass die Eltern ihre Rolle als Erzieher und – wie wir gesehen haben – auch als Lehrer wahrnehmen. Viele Eltern glauben, dass, wenn von Erziehung die Rede ist, vor allem zwei Dinge wichtig sind, die bereits der Reformpädagoge und Vater der deutschen Kindergartenbewegung Friedrich Fröbel (1782–1852) in der ersten Hälfte des 19. Jahrhunderts ausgesprochen hat. Von Fröbel stammt der Satz «Erziehung ist Beispiel und Liebe – und sonst nichts».

Seine Kinder zu lieben und ihnen mit gutem Beispiel voranzugehen, ist ganz ohne Zweifel eine unerlässliche Basis für eine funktionierende Eltern-Kind-Beziehung und für einen gelingenden Erziehungsprozess. Leider sind jedoch Liebe und positives Vorbild für die allermeisten Kinder nicht genug. Das hat damit zu tun, dass Kinder bisweilen Dinge tun, mit denen die Eltern nicht einverstanden sind, etwa

- wenn sie sich nicht an Vereinbarungen und Regeln halten (z. B. nicht pünktlich zum Essen erscheinen) oder vereinbarte Pflichten (z. B. das eigene Zimmer aufräumen oder Schularbeiten machen) nicht erfüllen;
- wenn sie sich abfällig und respektlos verhalten (u. a. auch den Eltern gegenüber);
- wenn sie Aufforderungen missachten, trotzig und herausfordernd reagieren;
- wenn sie sich anderen gegenüber aggressiv verhalten (z. B. durch Schlagen, Stoßen, Beißen, Haareziehen);
- wenn sie ausfällig werden (z. B. einen Trotzanfall hinlegen, brüllen und schreien oder mit Schimpfwörtern um sich werfen).

In den meisten dieser Fälle ist es nicht etwa so, dass die Kinder ein Problem haben, sondern die Eltern haben ein Problem mit ihren Kindern – ein Aspekt, auf den u. a. Thomas Gordon (1982), der Autor des Weltbestsellers «Familienkonferenz», hingewiesen hat.

Wir schlagen an dieser Stelle einen kleinen Selbsttest vor, bei dem es für eine Reihe von kindlichen Verhaltensweisen darum geht, herauszufinden, wer vornehmlich ein Problem hat – das Kind oder die Elternperson. Lesen Sie sich zunächst die im Folgenden aufgelisteten problematischen kindlichen Verhaltensweisen durch und überlegen Sie sich, wer hier wohl am ehesten das Problem besitzt (**Selbsttest 5: Kindliche Verhaltensweisen – Wer besitzt das Problem?**).

Selbsttest 5: Kindliche Verhaltensweisen Wer besitzt das Problem?

Kindliche Verhaltensweisen	Wer besitzt das Problem? die Eltern	das Kind
Kind gibt freche Antworten, spricht respektlos mit den Eltern	☐	☐
Kind ist scheu und schüchtern gegenüber anderen Kindern; hat Schwierigkeiten Kontakt zu machen	☐	☐
Kind hält sich nicht an Vereinbarungen (z. B. zu bestimmten Zeiten zu Hause sein)	☐	☐
Kind darf etwas nicht, was andere Kinder dürfen (z. B. nach Hause kommen, wann es will)	☐	☐
Kind hat Trennungsängste (z. B. beim Übergang zum Kindergarten)	☐	☐
Kind geht nachlässig mit Dingen um (z. B. verliert Kleidungsstücke; unabgeschlossenes Fahrrad wird gestohlen)	☐	☐
Kind ist motorisch ungeschickt (z. B. lässt Teller fallen, verschüttet Getränk)	☐	☐
Kind räumt Sachen nicht auf, hat chaotisches Zimmer	☐	☐
Kind trödelt bei Schularbeiten	☐	☐
Kind hat Probleme mit Schulaufgaben	☐	☐
Kind macht Schularbeiten nur zum Teil oder unsorgfältig	☐	☐
Kind ist erkennbar traurig, betrübt, gekränkt etc.	☐	☐
Kind ist anderen Kindern gegenüber körperlich und/oder verbal aggressiv	☐	☐
Kind hat schlechte Tischmanieren	☐	☐
Kind ist weinerlich und jammernd, wenn es etwas haben will	☐	☐
Kind schämt sich, mit anderen nicht mithalten zu können (z. B. weil es nicht die «richtigen Klamotten» oder kein Handy hat)	☐	☐
Kind will etwas sofort haben (z. B. in einem Supermarkt oder Spielzeugladen)	☐	☐
Kind hält sich nicht an Sicherheitsvorkehrungen (z. B. trägt keinen Fahrradhelm, will nicht in den Kindersitz)	☐	☐
Kind hat einen Trotzanfall	☐	☐
Kind ist unzufrieden mit dem, was es gemacht hat (z. B. eine Zeichnung oder Bastelarbeit)	☐	☐
Kind unterbricht andere (z. B. Erwachsene beim Telefonieren; andere Kinder beim Spielen)	☐	☐
Kind wird von anderen gehänselt, aufgezogen	☐	☐

Kindliche Verhaltensweisen	Wer besitzt das Problem? die Eltern	das Kind
Kind verwendet rüde Sprache (z. B. «blöde Sau», «Arschloch»)	☐	☐
Kind wird von anderen geschlagen	☐	☐
Kind weigert sich, im Haushalt mitzuhelfen	☐	☐
Kind glaubt, zu wenig Taschengeld zu haben	☐	☐
Kind kann beim Spielen nicht verlieren (z. B. rastet aus, wird aggressiv)	☐	☐
Kind zeigt exzessiven Medienkonsum (z. B. Computerspiele, Fernsehen, Videos)	☐	☐
Kind will nicht ins Bett gehen	☐	☐
Kind meint, dass die Eltern kein Verständnis für seine Vorlieben haben (z. B. Musikgeschmack)	☐	☐
Kind mag nicht essen; ist wählerisch beim Essen	☐	☐
Kind fühlt sich körperlich nicht attraktiv	☐	☐
Kind ist egoistisch, will nicht teilen	☐	☐
Kind glaubt, dass es von den Eltern gegenüber einem Geschwister benachteiligt wird	☐	☐
Kind hat Probleme mit einem Freund/einer Freundin	☐	☐
Kind lügt, stiehlt, schwänzt die Schule etc.	☐	☐
Kind ignoriert Aufforderungen der Eltern (z. B. zum Essen kommen, sich anziehen)	☐	☐
Kind glaubt, dass die Eltern ihm nicht genügend Freiheiten lassen (z. B. mit Freunden zusammen zu sein, die ihnen nicht bekannt sind)	☐	☐

Falls Ihnen noch weitere problematische kindliche Verhaltensweisen einfallen, haben Sie im Anschluss Platz, Ihre eigenen Beispiele niederzuschreiben, zu werten und ev. zu diskutieren.

	☐	☐
	☐	☐
	☐	☐
	☐	☐
	☐	☐
	☐	☐

Wer nun eigentlich der «Problembesitzer» ist, lässt sich nicht in allen Fällen leicht klären. So kann z. B. das mürrische oder abweisende Verhalten eines Kindes, das Eltern als unerträglich und deswegen als ein Problem empfinden, Ausdruck eines verdeckten Problems auf Seiten des Kindes sein (z. B. wenn es anhaltende Konflikte in der Schule gibt).

In der folgenden **Abbildung 5** finden Sie die Ankreuzungen, wie sie von den meisten Eltern vorgenommen werden.

	Wer besitzt das Problem?	
Kindliche Verhaltensweisen	**die Eltern**	**das Kind**
Kind gibt freche Antworten, spricht respektlos mit den Eltern	☒	☐
Kind ist scheu und schüchtern gegenüber anderen Kindern; hat Schwierigkeiten Kontakt zu machen	☐	☒
Kind hält sich nicht an Vereinbarungen (z. B. zu bestimmten Zeiten zu Hause sein)	☒	☐
Kind darf etwas nicht, was andere Kinder dürfen (z. B. nach Hause kommen, wann es will)	☐	☒
Kind hat Trennungsängste (z. B. beim Übergang zum Kindergarten)	☐	☒
Kind geht nachlässig mit Dingen um (z. B. verliert Kleidungsstücke; unabgeschlossenes Fahrrad wird gestohlen)	☒	☐
Kind ist motorisch ungeschickt (z. B. lässt Teller fallen, verschüttet Getränk)	☐	☒
Kind räumt Sachen nicht auf, hat chaotisches Zimmer	☒	☐
Kind trödelt bei Schularbeiten	☒	☐
Kind hat Probleme mit Schulaufgaben	☐	☒
Kind macht Schularbeiten nur zum Teil oder unsorgfältig	☒	☐
Kind ist erkennbar traurig, betrübt, gekränkt etc.	☐	☒
Kind ist anderen Kindern gegenüber körperlich und/oder verbal aggressiv	☒	☐
Kind hat schlechte Tischmanieren	☒	☐
Kind ist weinerlich und jammernd, wenn es etwas haben will	☒	☐
Kind schämt sich, mit anderen nicht mithalten zu können (z. B. weil es nicht die «richtigen Klamotten» oder kein Handy hat)	☐	☒
Kind will etwas sofort haben (z. B. in einem Supermarkt oder Spielzeugladen)	☒	☐
Kind hält sich nicht an Sicherheitsvorkehrungen (z. B. trägt keinen Fahrradhelm, will nicht in den Kindersitz)	☒	☐

Kindliche Verhaltensweisen	Wer besitzt das Problem? die Eltern	das Kind
Kind hat einen Trotzanfall	☒	☐
Kind ist unzufrieden mit dem, was es gemacht hat (z. B. eine Zeichnung oder Bastelarbeit)	☐	☒
Kind unterbricht andere (z. B. Erwachsene beim Telefonieren; andere Kinder beim Spielen)	☒	☐
Kind wird von anderen gehänselt, aufgezogen	☐	☒
Kind verwendet rüde Sprache (z. B. «blöde Sau», «Arschloch»)	☒	☐
Kind wird von anderen geschlagen	☐	☒
Kind weigert sich, im Haushalt mitzuhelfen	☒	☐
Kind glaubt, zu wenig Taschengeld zu haben	☐	☒
Kind kann beim Spielen nicht verlieren (z. B. rastet aus, wird aggressiv)	☐	☒
Kind zeigt exzessiven Medienkonsum (z. B. Computerspiele, Fernsehen, Videos)	☒	☐
Kind will nicht ins Bett gehen	☒	☐
Kind meint, dass die Eltern kein Verständnis für seine Vorlieben haben (z. B. Musikgeschmack)	☐	☒
Kind mag nicht essen; ist wählerisch beim Essen	☒	☐
Kind fühlt sich körperlich nicht attraktiv	☐	☒
Kind ist egoistisch, will nicht teilen	☒	☐
Kind glaubt, dass es von den Eltern gegenüber einem Geschwister benachteiligt wird	☐	☒
Kind hat Probleme mit einem Freund/einer Freundin	☐	☒
Kind lügt, stiehlt, schwänzt die Schule etc.	☒	☐
Kind ignoriert Aufforderungen der Eltern (z. B. zum Essen kommen, sich anziehen)	☒	☐
Kind glaubt, dass die Eltern ihm nicht genügend Freiheiten lassen (z. B. mit Freunden zusammen zu sein, die ihnen nicht bekannt sind)	☐	☒

Abbildung 5: Auswertung von Selbsttest 5

Vergleichen Sie nun die Kreuze, die Sie im Selbsttest 5 gemacht haben, mit den Ankreuzungen in der Abbildung 5. Wo gibt es Übereinstimmungen und Abweichungen? Wie erklären und begründen Sie die Abweichungen? Wenn Sie möchten, diskutieren Sie Ihre jeweiligen Antworten mit Ihrem Partner.

Wer auch immer das Problem besitzt, eines ist sicher: mit viel Liebe allein sind die in dem Selbsttest genannten Probleme nicht zu lösen. Vielmehr sind an dieser Stelle die Eltern als Erzieher wirklich gefordert – und zwar als Erzieher mit ganz bestimmten Fähigkeiten, wenn sie die vorher genannten Ziele, nach denen sie ihre Kinder zu glücklichen, selbstständigen und gemeinschaftsfähigen Menschen erziehen möchten, nicht aus den Augen verlieren wollen.

Vor diesem Hintergrund mag es zunächst einmal hilfreich sein, dass die Eltern für sich klären, welche Erziehungsziele für sie wirklich wichtig sind. Dabei können sie auf eine reichhaltige Ratgeberliteratur zurückgreifen. Als Beispiel für einen Ratgeber, der sich ausschließlich auf die Wertefrage konzentriert, sei ein Buch von Robert Coles (1998) mit dem Titel «Moralische Intelligenz oder Kinder brauchen Werte» genannt. Es handelt sich dabei um ein Plädoyer für eine moralische Erziehung, die sich an den grundlegenden Überzeugungen des Neopsychoanalytikers Erik Erikson (u. a. Autor des grundlegenden Werkes «Kindheit und Gesellschaft», 1973) orientiert.

Exkurs: ‹Das Beste›

Coles berichtet in seinem Buch von einem Gespräch mit Erik Erikson, das mit dem oben bereits angesprochenen Thema zu tun hat, dass Eltern für ihre Kinder «nur das Beste» wollen. In diesem Gespräch erzählte Erikson, dass Anna Freud – Tochter von Sigmund Freud und Begründerin der Kinderpsychoanalyse – ihm auf seine Fragen nach der richtigen Erziehung erwidert habe, sie könne ihm die genauen Antworten, die er offenkundig hören wolle, nicht liefern. Wohl aber könne sie ihm das Handwerkszeug geben, damit er mit diesen Fragen selbst fertig werde. Coles (1998, S. 206 ff.) berichtet hierauf über den weiteren Fortgang seines Gesprächs mit Erik Erikson:

«Ich lachte und sagte: ‹Viele von uns müssen nicht nur mit ein paar Fragen fertig werden, sondern mit ihren eigenen Kindern.› – ‹Ja, ja›, meinte er, ‹und das sind die Momente, in denen wir uns zwingen müssen, freundlich zu sein. Wir müssen mit uns selbst fertig werden, damit wir das Beste für sie tun können.›

Ich wollte und konnte das Wort ‹das Beste› nicht einfach stehen lassen. Vielleicht könnte ich mit Hilfe dieses Wortes den weisen alten Mann dazu bewegen, mir noch einen Rat mitzugeben. ‹Woher wissen wir, was das Beste für sie ist? Was ist das Beste?› fragte ich ihn. – ‹Ich habe es Ihnen schon gesagt›, antwortete er. ‹Freundlich sein, das müssen wir; durch unser Verhalten zeigen, dass wir uns für andere interessieren und das Beste für sie wollen.›

Wir erkannten beide, dass wir nicht über einen Katalog von Regeln sprachen, sondern über eine Haltung, an der man Tag für Tag arbeitet, um sie für sich selbst zu finden und mit anderen zu teilen.»

So wichtig und unerlässlich eine derartige, vom Respekt für die Kinder und dem Bemühen um die eigene Erfahrungsoffenheit geprägte Haltung auch ist, es bleibt das von Coles aufgeworfene Problem, wonach viele Eltern nicht nur mit «ein paar Fragen» zur Erziehung, sondern mit ihren eigenen Kindern fertig werden müssen.

Gibt es ergänzend zu dem bereits im zweiten Kapitel präsentierten Selbsttest «Erziehungswerte» keine etwas konkreteren Leitlinien, um Kindern zu einem «bejahenswerten Leben» (Schmid, 2000) zu verhelfen?

Die amerikanische Erziehungswissenschaftlerin Michele Borba (1999) hat ein Buch mit dem Titel «Parents *do* make a difference» (zu Deutsch: Eltern *machen* einen Unterschied) geschrieben, das sich ausdrücklich und offensiv gegen die eingangs erwähnte «Ohnmacht der Eltern» wendet. Sie behandelt ausführlich acht «Fertigkeiten des Erfolgs». Unter Erfolg wird ausdrücklich nicht eine vordergründig marktorientierte Persönlichkeitsorientierung verstanden, wie sie etwa von Erich Fromm (1989) beschrieben wurde, sondern ein Muster von persönlichen Ressourcen, das es dem Kind erlaubt, mit sich selbst und den Herausforderungen seiner Mit- und Umwelt selbstverantwortlich umzugehen. Dabei ordnet Borba die acht Erfolgsfertigkeiten, die zugehörigen elterlichen Unterstützungsmaßnahmen und die entsprechenden Entwicklungsziele fünf übergeordneten Kategorien zu, nämlich den Fertigkeiten des persönlichen, emotionalen, sozialen, motivationalen und moralischen Erfolgs. **Tabelle 6** gibt einen Überblick über Borba's (1999, S. 5) acht Fertigkeiten des Erfolgs.

Für jedes dieser acht Erfolgskriterien zeigt Borba ausführlich, welche Mittel Eltern zur Verfügung stehen, um die angestrebten Entwicklungsziele so zu erreichen, dass sie von den Kindern erfolgreich in ihr Persönlichkeitssystem integriert und zu ihrem eigenen gemacht werden können. Wir können die vielen Einzelheiten dieses Vorgehens an dieser Stelle nicht weiter vertiefen, werden aber als nächstes auf einige konkrete Methoden zu sprechen kommen, auf die Eltern vor allem auch in schwierigen Erziehungssituationen zurückgreifen können.

3.4 Herausfordernde «Familientänze» überleben

Weiter oben hatten wir bereits festgestellt, dass Elternliebe eine unverzichtbare Voraussetzung für das Gedeihen ihrer Kinder ist. Liebe äußert sich vor allem in der Sorge um das Wohlergehen des anderen und – wie es der humanistische Psychologe Carl Rogers (1976) ausgedrückt hat – in dessen «unbedingter Wertschätzung» als Person, was freilich nicht als unbedingte Akzeptanz aller ihrer Verhaltensweisen missverstanden werden darf. Die Beziehungen von Eltern zu ihren Kindern sind daher ein Prototyp für «altruistische», vornehmlich gemeinschaftsorientierte Beziehungen im Gegensatz zu austauschorientierten Beziehungen, die, wie etwa im Geschäftsleben, in erster Linie eine Maximierung der Eigeninteressen der Geschäftspartner zum Ziel haben (vgl. Clark & Mills, 1993). In diesem Sinne war im vorigen Abschnitt bereits die Rede davon, dass Eltern in der Regel für ihre Kinder immer «nur das Beste» wollen.

Wir hatten freilich auch gesehen, dass Eltern zum einen dieses vage Leitziel zwar durchaus in konkretere Erziehungsziele aufteilen können, dass zum anderen aber ihr erzieherisches Handeln nicht immer mit ihren Absichten im Einklang

Tabelle 6: Erfolgsfertigkeiten

Erfolgsfertigkeiten		
Persönliche Fertigkeiten	**Elterliche Unterstützungsmaßnahmen**	**Entwicklungsziele**
Positives Selbstwertgefühl	Dem Kind helfen, solide, positive Selbst-Überzeugungen und eine Haltung des «Ich kann's schaffen» vermitteln, so dass es sich erfolgszuversichtlich fühlt	Selbstvertrauen
Kultivierung von Stärken	Sensibilisierung der Achtsamkeit des Kindes für seine speziellen Talente und Stärken, so dass es auf seine Individualität stolz sein und sein persönliches Potential erweitern kann.	Selbstbewusstsein
Emotionale Fertigkeiten		
Kommunizieren	Das Kind unterstützen, aufmerksam zuzuhören, für sich selbst zu sprechen und das, was es sagen will mitzuteilen, um das eigene Wissen zu vergrößern und Missverständnisse zu reduzieren.	Verstehen
Problemlösen	Dem Kind beibringen, wie es in Ruhe die besten Lösungen findet und verantwortliche Entscheidungen treffen kann.	Selbstverantwortlichkeit
Soziale Fertigkeit		
Mit anderen auskommen	Unterstützung des Kindes bei der Entwicklung seiner Fähigkeiten, Freundschaften zu schließen und mit schwierigen Beziehungen zurechtzukommen.	Kooperation
Motivationale Fähigkeiten		
Ziele setzen	Dem Kind helfen, wie es lernen kann, die Ziele zu bestimmen, die es erreichen möchte und die Schritte für eine erfolgreiche Zielerreichung festzulegen.	Selbstmotivation
Nicht aufgeben	Dem Kind zeigen, wie es etwas, das es begonnen hat, zu Ende bringen kann, auch wenn sich Schwierigkeiten auftun.	Beharrlichkeit
Moralische Fertigkeit		
Sich kümmern	Stärkung des kindlichen Mitgefühls und seiner Sensibilität für die Gefühle und Bedürfnisse anderer.	Empathie

steht. Die Konsequenz sind dann herausfordernde «Familientänze» von der Art, wie wir sie im zweiten Kapitel am Beispiel der Mischform von nachgiebigem und autoritärem Elternverhalten geschildert haben.

Ein wesentlicher Grund hierfür ist die «Eigenwilligkeit» der Kinder und die Tatsache, dass es neben unproblematischen Zeiten des Zusammenlebens meist tagtäglich auch Situationen gibt, in denen – zumindest aus der Sicht der Eltern – ihre Kinder ein inakzeptables Verhalten zeigen. Einige dieser inakzeptablen Verhaltenweisen – von der Nichteinhaltung von Regeln bis zum Ausfälligwerden – hatten wir bereits Revue passieren lassen. In den meisten dieser Fälle haben – wie in dem Selbsttest zum «Problembesitz» deutlich geworden ist – die Eltern und nicht so sehr ihre Kinder ein Problem. Und im Allgemeinen fühlen sich die Eltern in solchen Situationen aufgerufen, das Problem zu lösen. Wie sie das tun, kann freilich sehr unterschiedlich sein und ist in gewisser Weise gerade in schwierigen Situationen der Lackmustest dafür, ob eine entwicklungsförderliche Erziehung nicht nur auf den Lippen getragen, sondern auch im konkreten Erziehungsalltag praktiziert wird.

Eine der unangemessenen Praktiken zur Beendigung von Problemen, die Eltern mit ihren Kindern haben, besteht in der Anwendung von Gewalt, insbesondere körperlicher Gewalt. Angesichts vorliegender Forschungsbefunde, wonach in Deutschland vier von fünf Kindern und Jugendlichen von ihren Eltern geohrfeigt werden, etwa 1,3 Millionen Kinder körperlich misshandelt werden und 420 000 von ihnen sogar häufig (vgl. Wetzels, 1997), war die pädagogisch und juristisch motivierte Novellierung des § 1631 BGB Abs. 2 im Jahre 2000, wonach Kinder ein Recht auf gewaltfreie Erziehung haben, eine bedeutsame gesellschaftspolitische Initiative.

Allerdings kann eine ausschließliche Fokussierung auf die Doktrin einer gewaltfreien Erziehung in zweierlei Hinsicht bedenklich sein. Zum einen besteht die Gefahr, dass das Spektrum anderer problematischer elterlicher Erziehungspraktiken, die vordergründig nichts mit dem Thema Gewalt zu tun haben, aus dem Blick gerät. Zum anderen ist zu befürchten, dass die positiven Ziele elterlicher Erziehungs- und Bildungsbemühungen, die wir oben beispielhaft kennen gelernt haben, und vor allem die konkreten Möglichkeiten zu ihrer Umsetzung nicht genügend Beachtung finden.

Dabei gibt es eine ganze Reihe wichtiger Methoden, auf die Eltern zurückgreifen können. Das in **Abbildung 6** dargestellte Diagramm gibt einen kurzen Überblick über verschiedene Methoden, um herausfordernde Erziehungssituationen zu meistern, ohne eine grundsätzlich wertschätzende Haltung gegenüber den Kindern aufzugeben bzw. deren Eigenständigkeit zu untergraben (vgl. MacKenzie, 1998). Es folgt dann – anhand einiger Fallbeispiele – eine kurze Erläuterung dieser Methoden.

Der wichtigste Punkt in Abbildung 6 besteht darin, dass das Repertoire an möglichen elterlichen Vorgehensweisen sich in einen *Verbalteil* und einen *Handlungsteil* gliedert. Beide Teile sind jedoch aufeinander bezogen, wobei der Verbalteil in aller Regel zunächst den Vorrang haben sollte. Erst wenn verbale Formen der elterlichen Einflussnahme zu keinem Erfolg geführt haben, sollte dann ein Wechsel zum Handlungsteil erfolgen.

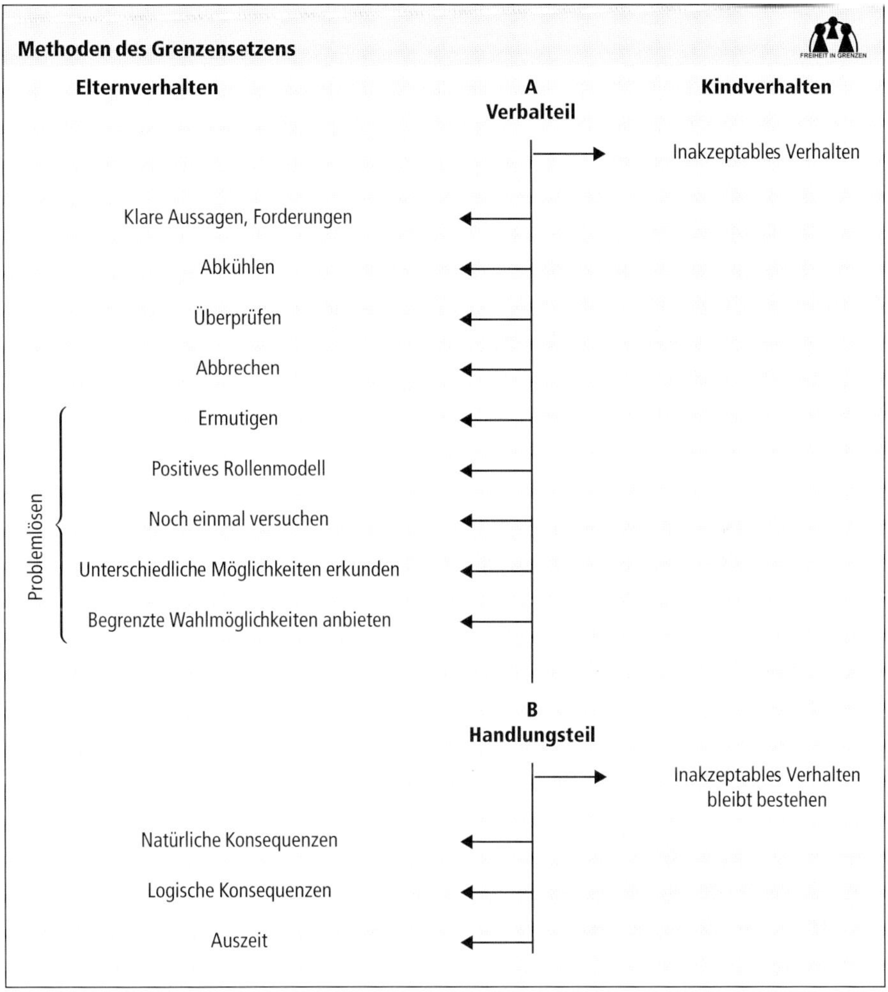

Abbildung 6: Methoden des Grenzensetzens

3.4.1
Klare Aussagen und Forderungen

Beginnen wir mit dem Verbalteil und hier mit dem ersten Punkt, nämlich *Klare Aussagen und Forderungen.* Um ein störendes oder inakzeptables Verhalten des Kindes abzustellen, ist es unerlässlich, dass die Elternperson ihre Forderung klar, unmissverständlich, mit fester Stimme, aber mit möglichst wenigen Worten vorbringt.

Klarheit bedeutet vor allem, dass die Kinder wissen, worum es eigentlich geht. Zumal wenn neue Regeln eingeführt werden, ist dies besonders wichtig.

Beispiel

Dem sechsjährigen Andy soll erlaubt werden, allein mit seinem Rad vor dem Haus zu fahren. Wenn die Eltern sagen «Du kannst jetzt draußen vor dem Haus mit deinem Rad fahren» ist dies wenig hilfreich. Andy braucht klare Hinweise von der Art «Du kannst jetzt draußen in dem kleinen Park und auf dem Gehsteig vor dem Haus fahren. Auf keinen Fall auf der Straße und auf keinen Fall ohne Helm, okay?».

Wenn der Vater oder die Mutter genau wissen will, ob Andy die Botschaft verstanden hat, hilft die Technik des *Überprüfens* weiter, auf die wir weiter unten noch etwas ausführlicher zu sprechen kommen. Das heißt, Andy wird aufgefordert, zu sagen, was er gehört hat. Er weiß dann genau, was von ihm erwartet wird, nämlich wo er mit seinem Rad fahren kann und wo nicht und wie er sich zu schützen hat.

Klare Botschaften helfen auch, wenn eine bereits bestehende Regel in Gefahr ist, verletzt zu werden.

Beispiel

Hat die Mutter der achtjährigen Sandra mit ihr vereinbart, dass sie ihre Freundinnen nur zu sich nach Hause einladen kann, wenn Sandra ihr Zimmer aufgeräumt ist, sollte klar sein, was damit gemeint ist. Wenn die Mutter etwa sagt «Ich hasse die Unordnung in deinem Zimmer» bleibt im Nebulösen, was sie damit eigentlich meint. Wenn sie hingegen sagt «Ich möchte, dass bis um drei, wenn deine Freundinnen kommen, deine Spielsachen im Plastikcontainer, deine Bücher im Regal und deine Kleider im Kleiderschrank sind und dass du dein Bett mit der Tagesdecke abgedeckt hast», dann weiß Sandra genau, was zu tun ist.

3.4.2 Abkühlen

Gehen wir zu dem nächsten Punkt in Abbildung 6, dem *Abkühlen.* Gemeint ist damit eine kurze Zeit, um erhitzte Gemüter zu beruhigen.

Beispiel

Die beiden Geschwister Mark, 9 Jahre und Petra, 7 Jahre streiten sich unter den Augen ihrer Mutter wegen eines Spielcomputers. Die beiden verstricken sich in einen immer mehr eskalierenden Streit, der schließlich in Handgreiflichkeiten ausartet. Die Mutter kann dann z. B. sagen: «Wir brauchen ein bisschen Zeit zum Abkühlen. Jeder geht jetzt für fünf Minuten auf sein Zimmer. Danach reden wir dann miteinander».

Der Grund, in diesem Fall zunächst einmal auf eine Phase des Abkühlens zurückzugreifen, besteht darin, dass unter dem Einfluss intensiver negativer Emotionen keine vernünftige Problemlösung in Angriff genommen werden kann. Im Kern läuft das Abkühlen auf eine «Auszeit» hinaus, die bereits zum Handlungsteil führt und auf die wir dort noch einmal ausführlicher zu sprechen kommen. Die «Auszeit» (englisch: time-out) ist eine sehr hilfreiche Methode, um aus einer Sache den Wind herauszunehmen und wieder zu einem kühlen Kopf zu gelangen.

Das gilt übrigens nicht nur für die Kinder, sondern auch für die Eltern. Eltern vergeben sich nichts, wenn sie in einer kritischen Situation mit ihren Kindern sagen: «Das regt mich dermaßen auf, ich brauch' jetzt ein paar Minuten, um mich wieder zu sammeln» und sich dann auf ihr Zimmer zurückziehen. Es ist jedenfalls allemal besser, als in einem Zustand von Ärger und Wut die Kontrolle zu verlieren, was dann leicht zu Schreien, Beschimpfungen und auch Schlägen führen kann. Die Abkühlphase ist nicht nur ein Beitrag zur Emotionskontrolle, sondern auch eine exzellente Möglichkeit, sich eine gute Strategie für die Lösung des Konflikts zurechtzulegen. Fürs Erste können wir somit festhalten, dass die Methode des Abkühlens sehr hilfreich ist, wenn es darum geht, einen zermürbenden «Familientanz» gar nicht erst zur Entfaltung kommen zu lassen.

3.4.3 Überprüfen

Wenn Eltern sich vergewissern wollen, ob das, was sie ihren Kindern gesagt haben, bei diesen auch angekommen ist, hilft die Methode des *Überprüfens*. Wir hatten sie bereits im Fall von Andy und den elterlichen Anweisungen zum Fahrradfahren kennen gelernt. Andy sollte dabei im Einzelnen wiederholen, was seine Eltern ihm gesagt hatten. Die Technik des Überprüfens bietet sich vor allem dann an, wenn es um wichtige und ernste Themen wie z. B. Sicherheit geht.

Beispiel

Nehmen wir den Fall der siebenjährigen Carolin, die von ihrer Mutter aufgeklärt wird, wie sie sich verhalten soll, wenn sie etwa auf dem Nachhauseweg von der Schule von fremden Menschen angesprochen wird, die ihr etwas schenken wollen oder sie zum Mitkommen auffordern, um ihnen z. B. den Weg zu zeigen. Die Mutter kann dann von Carolin die einzelnen Situationen und wie sie darauf reagieren soll in ihren eigenen Worten wiederholen lassen, um sicher zu gehen, dass ihre Tochter wirklich jeden der Punkte verstanden hat.

Die Methode des Überprüfens eignet sich nicht nur, um sicher zu stellen, dass neue Regeln, die mit dem Kind vereinbart werden, auch wirklich bei ihm angekommen sind, sondern auch dann, wenn bereits bestehende Regeln noch einmal «aufgefrischt» werden sollen. Wenn z. B. die Mutter den achtjährigen Tom zum Großeinkauf in den Supermarkt mitnimmt, kann sie ihn vorbeugend noch einmal an die wichtigsten Vereinbarungen erinnern, die bereits früher ausgehandelt worden waren (z. B. in Sichtnähe bleiben, kein Rumrennen zwischen den Regalen, keine Artikel ohne Absprache in den Einkaufswagen) und diese von Tom wiederholen lassen bzw. gegebenenfalls seiner Erinnerung nachhelfen.

3.4.4
Abbrechen

Ein anderes, in bestimmten herausfordernden Situationen sehr taugliches Hilfsmittel ist die Methode des *Abbrechens.* Sie eignet sich besonders dann, wenn Kinder versuchen, bestehende Regeln auszuhebeln. Es ist dies das bei Kindern beliebte Spiel des *Grenzentestens*, gewissermaßen das Gegenstück zum elterlichen *Grenzensetzen.* Kinder wollen nämlich wissen, ob das, was ihre Eltern von ihnen *mit Worten* fordern oder was sie gemeinsam mit ihren Eltern als eine Regel *mit Worten* vereinbart haben, auch wirklich Bestand hat, d. h. es geht ganz konkret darum, ob es die Eltern auch wirklich ernst meinen. Kinder sind bisweilen Meister darin, ihre Eltern an den Punkt zu bringen, an dem sie entnervt aufgeben.

Beispiel

Gabi ist elf und sie weiß, dass in ihrer Familie die Regel gilt «Erst die Arbeit, dann das Spiel». An Schultagen heißt das für Gabi: zuerst Hausaufgaben machen und dann spielen, Freundinnen besuchen, ins Kino gehen etc. An diesem Tag kommt Gabi früher als gewöhnlich zu ihrer Mutter und sagt, dass sie ihre Hausaufgaben schon zur Hälfte fertig habe. Jetzt wolle sie zu ihrer Freundin Angela gehen, mit der sie sich verabredet habe. Den zweiten Teil der Hausaufgaben würde sie erledigen, wenn sie wieder zurück sei.

Dies ist der kritische Punkt, an dem das Grenzentestspiel beginnt. Und Eltern tun gut daran, auf diesen Punkt gut vorbereitet zu sein, denn das Arsenal an Techniken, über das Kinder verfügen, um ihre Eltern «rumzukriegen», ist in vielen Fällen beachtlich. Wenn Gabis Mutter nicht aufpasst, ist sie im Nu in eine ellenlange Diskussion verwickelt. Nehmen wir an, Gabis Mutter sagt «Nein, nicht bevor du deine Hausaufgaben fertig gemacht hast». Gabi wird vermutlich nicht so schnell aufgeben und ihr Repertoire an Regelaufweichstrategien durchspielen, z. B.

- (mit einschmeichelnder Stimme) «Ach Mama, nur das eine Mal. Ich versprech', dass ich sofort, wenn ich wieder hier bin, die Hausaufgaben fertig mache»,
- oder (mit Verständnis heischendem Ton) «Angela braucht mich unbedingt, weil ich ihr das neue Computerspiel zeigen soll»,
- oder (mit leicht erpresserischem Ton) «Ich hab dir vorhin auch in der Küche geholfen»,
- oder (mit leicht beschuldigendem Ton) «Die anderen Mädchen aus meiner Klasse dürfen auch die Hausaufgaben nach dem Spielen machen, nur ich nicht»,
- oder (mit herausforderndem Ton) «Ich finde solche Regeln beschissen und erklären kannst du sie mir sowieso nicht.»

Spätestens an dieser Stelle ist die Mutter in höchster Gefahr, nach dem geworfenen Köder zu schnappen und sich auf eine lange Rechtfertigung einzulassen, warum es gut ist, zuerst seine Pflichten zu erledigen, um sich dann den angenehmen Dingen des Lebens zuzuwenden. Vermutlich entspinnt sich darauf eine lebhafte Diskussion über wichtige Erwachsenenweisheiten, die auch nicht ganz ohne Emotionen abläuft und viel Energie kostet. Ein kräftezehrender «Familientanz» nimmt seinen Lauf.

Die Frage ist, kann die Mutter diesem Tanz entgehen? Sie kann, wenn sie sich – um im Bild zu bleiben – schon ganz am Anfang vom Tanzboden macht und dabei auf die Methode des Abbrechens zurückgreift.

Beispiel

Die Mutter sagt kurz und bündig: «Du kennst die Regeln». Und wenn Gabi weiter insistiert: «Wir haben das bereits besprochen. Es gibt nichts mehr zu diskutieren». Wenn sie noch ein Weiteres tun will, kann die Mutter hinzufügen: «Überleg' dir, wie du der Angela Bescheid geben kannst, dass du erst kommst, wenn du mit deinen Hausaufgaben fertig bist.»

Keine langatmigen Erklärungen und Rechtfertigungen seitens der Mutter und – was besonders wichtig ist – die Verantwortung, dieses Problem zu lösen, ist nicht mehr auf den Schultern der Mutter sondern bei ihrer Tochter Gabi.

3.4.5 Problemlösen

Die nächsten fünf Punkte in dem Diagramm von Abbildung 6 haben – angefangen vom Ermutigen bis zum Anbieten begrenzter Wahlmöglichkeiten – alle etwas mit dem Thema Problemlösen, Eigenständigkeit und Verantwortlichkeit zu tun. Diese Punkte sollen nun anhand einiger Beispiele kurz erläutert werden.

(1) Ermutigung

Die Sprache der *Ermutigung* ist in vielen Fällen der Türöffner für Kooperation.

Beispiel

Die Mutter der beiden wegen eines Spielcomputers heftig streitenden Geschwister kann nach Beendigung der Abkühlphase (siehe Punkt 3.4.2) ihrer Überzeugung Ausdruck verleihen, dass es andere Möglichkeiten gibt, den Konflikt beizulegen, etwa indem sie sagt: «Ich bin sicher, dass wir einen anderen Weg finden, wie ihr mit dem Computer spielen könnt.»

Beschimpfungen, Demütigungen, Lächerlichmachen, Schuldzuweisungen etc. lassen Kinder zugehen wie eine Auster und erzeugen bei ihnen Wut, Rachegefühle, Trotz, Widerstand, also all jene Dinge, die Kooperation eher verhindern als ermöglichen. Außerdem wird mit ermutigenden Hinweisen der Boden für weitere positive Lernerfahrungen bereitet.

Übrigens gilt dies nicht nur für Kinder, sondern auch für uns Erwachsene. Vermutlich würde sich niemand von uns, wenn uns bei der Arbeit ein Fehler unterlaufen ist, gerne von seinem Chef oder seiner Chefin sagen lassen, was man für ein Ausbund an Inkompetenz und ausgemachter Trottel ist und dass man uns im Grunde nichts zutrauen kann. Selbst wenn wir in Zukunft peinlich genau darauf achten, möglichst keine Fehler zu machen, unsere Arbeitsmotivation wird ein solches Vorgesetztenverhalten kaum beflügeln. Das Gleiche gilt auch für den wichtigen Bereich der Paarbeziehungen, was wir allerdings hier nicht weiter vertiefen können.

(2) Positives Rollenmodell

Der nächste Punkt, *positives Rollenmodell*, ist ein Spezialfall der Ermutigung, wobei die Eltern deutlich einen aktiven Part übernehmen. Und zwar vor allem dann, wenn Kinder Fehler machen und Unterstützung brauchen.

Beispiel

Oliver ist knapp sieben Jahre alt und hat gerade seine ersten Klavierstunden hinter sich. Nun kommt er beim Üben mit einer bestimmten Melodie nicht zurecht. Er macht immer wieder den gleichen Fehler und beginnt schon die Lust am Üben zu verlieren. Sein Vater hat dies alles mitbekommen und stellt beim genauen Beobachten von Olivers Spiel fest, dass er mit einem falschen Fingersatz spielt. Statt in ein ärgerliches «Pass doch auf» oder gar ein zynisches «Du bist wirklich ein begnadeter Pianist» auszubrechen – alles Botschaften die für Olivers Selbstwertgefühl und die Verbesserung seiner motorischen Fertigkeiten nicht gerade hilfreich sind – kann der Vater auch anders reagieren. Zum Beispiel, indem er sagt: «Den Teil vorher hast du schon gut hingekriegt. An der einen Stelle hapert's ein bisschen wegen dem Fingersatz. Schau mal, ich zeig dir wie's geht. Wenn du bei dieser Note mit dem Daumen beginnst, die nächsten beiden mit dem Zeige- und dem Mittelfinger spielst, und dann wieder mit dem Daumen weitermachst, ist es gar nicht so schwer. Willst du es selber mal probieren?» Oliver macht es und schafft es, wofür er natürlich auch noch ein dickes Lob bekommt.

Ermutigung, Vormachen und nochmals Ermutigung zum Selbermachen sind in diesem, wie in vielen anderen Fällen, die wichtigen Marksteine für die Entwicklung von Eigenständigkeit und Selbstvertrauen.

(3) Noch einmal versuchen

Der nächste Punkt in unserem Diagramm, *Noch einmal versuchen*, ist in dem gerade genannten Beispiel schon angeklungen. Die Methode bietet sich aber auch an, wenn Verhaltensstandards verletzt werden, die den Kindern eigentlich schon vertraut sind.

Beispiel

Die neunjährige Tanja kommt durchaus beschwingt von der Schule nach Hause. Ihren Mantel lässt sie im Vorraum liegen, ihre Schultasche schleudert sie auf die Couch und ihren Beutel mit Turnkleidung und Schuhen deponiert sie im Wohnzimmer auf dem Teppich. Das alles mit den Worten «So, da bin ich, Mami. Was gibt's denn heute zu essen?»

Statt dass die Mutter mit ärgerlichen Bemerkungen das im Nu entstandene Chaos kommentiert oder – andere Variante – freudig das Essen serviert und anschließend für ihre schulgestresste Tochter aufräumt, gibt es auch eine Alternative, die sich etwa folgendermaßen anhört: «Schön, dass du wieder da bist. Bevor es was zu Essen gibt: Du weißt, wo dein Mantel, deine Schultasche und dein Turnbeutel hingehören. Geh bitte und hänge deinen Mantel auf, bring deine Tasche auf dein Zimmer und den Turnbeutel in den Abstellraum. Es gibt übrigens Pizza.»

Tanja bekommt so eine zweite Chance, sich an die Regel zu halten, die von der Mutter klar und bestimmt, aber auch respektvoll eingefordert wird.

(4) Unterschiedliche Möglichkeiten erkunden

Mit dem *Erkunden unterschiedlicher Möglichkeiten* können Eltern versuchen, die Problemlösungsfähigkeiten ihrer Kinder zu stärken. Wir erinnern uns an die Mutter, deren beide Kinder sich wegen eines Spielcomputers in die Haare geraten sind. Nach der *Abkühlphase* und der *Ermutigung*, dass eine befriedigende Lösung möglich ist, kann sie zunächst einmal mit einer offenen Frage ihre Kinder dazu animieren, selbst eine Lösung zu finden.

Beispiel

Die Mutter kann z. B. sagen: «Habt ihre eine Idee, wie ihr mit der Sache anders umgehen könnt und jeder zu seinem Recht kommt, ohne dass ihr euch anschreit oder zankt?»

Damit schafft die Mutter die Basis für ein gemeinsames Brainstorming ihrer Kinder, bei dem sich häufig ein Lösungsvorschlag herausschält, der von beiden Kindern akzeptiert werden kann (z. B. sich beim Spielen abwechseln).

In anderen Fällen kann es wichtig sein, einige Zeit darauf zu verwenden, gemeinsam mit dem Kind mehrere Handlungsalternativen zu erkunden, z. B. wenn ein Kind in der Schule «gepiesackt» wird, was heutzutage mit dem neudeutschen Wort «bullying» (bei Erwachsenen heißt es «mobbing») bezeichnet wird, oder in dem schon erwähnten Fall, wenn ein Kind von Fremden angesprochen und zum Mitgehen aufgefordert wird.

(5) Begrenzte Wahlmöglichkeiten

Eine außerordentlich hilfreiche Methode, die Kindern klare Grenzen aufzeigt und ihnen zugleich zumindest teilweise ihre Wahlfreiheit belässt, ist die Methode der *begrenzten Wahlmöglichkeiten*. Die Minimalvariante besteht darin, dass dem Kind zwei Alternativen angeboten werden, zwischen denen es wählen kann.

Bisweilen fällt es insbesondere jüngeren Kindern schwer, aus einer größeren Anzahl von Möglichkeiten zu wählen.

Beispiel

Die sechsjährige Petra steht unschlüssig vor ihrem Kleiderschrank und weiß nicht, was sie anziehen soll. Nachdem ihre Mutter gefragt hat «Was möchtest du heute in die Schule anziehen?», kann es hilfreich sein, die Wahlmöglichkeiten zu reduzieren, etwa indem die Mutter fragt «Möchtest du heute das blaue oder das gelbe T-Shirt anziehen?»

Manchmal schützt die Methode der begrenzten Wahlmöglichkeiten die Elternperson auch vor allzu großen Zumutungen.

Beispiel

In einer Familie mit mehreren Kindern sagt das eine: «Ich möchte gerne eine Gemüsesuppe zum Abendessen»; das zweite: «Und ich eine Pizza»; und das dritte: «Und für mich Bockwürstchen mit Kartoffelsalat». Die Mutter kann sich nun entweder unter Stress setzen, um die Speisevorlieben der lieben Kleinen zu befriedigen. Oder sie kann ob der Zumutungen verärgert verkünden: «Gegessen wird, was auf den Tisch kommt und damit hat sich's.» Sie kann aber auch freundlich und bestimmt sagen «Tut mir leid, ich bin kein Schnellrestaurant. Heute Abend gibt's belegte Brötchen und ihr könnt wählen zwischen Brötchen mit gekochtem Schinken oder mit Salami.»

Wir haben damit einige der wichtigsten *verbalen Methoden* kennen gelernt, auf die Eltern zurückgreifen können, um ihren Kindern einerseits Grenzen zu setzen, andererseits ihnen aber auch wachstumsförderliche Erfahrungen zu ermöglichen. Leider sind jedoch – wie wir schon gesehen haben – elterliche Aufforderungen, Vereinbarungen und Regeln, die ja in Worte gefasst sind, nicht immer ein Garant dafür, dass sich die Kinder entsprechend verhalten. Wenn dies der Fall ist, ist es außerordentlich wichtig, den Worten Taten folgen zu lassen. Und zwar solche, die den Kindern auf bisweilen schmerzliche, aber dennoch respektvolle Weise zu erkennen geben, dass inakzeptables Verhalten auf klare und unumstößliche Grenzen trifft, die konsequent durchgehalten werden. Wir wenden uns damit dem *Handlungsteil* in Abbildung 6 zu. Je nach Situation sind hier vor allem drei Methoden hilfreich, nämlich *natürliche Konsequenzen*, *logische Konsequenzen* und die zuvor schon einmal erwähnte *Auszeit*.

3.4.6 Natürliche Konsequenzen

Natürliche Konsequenzen sind, wie die Bezeichnung schon sagt, eine natürliche Folge des Fehlverhaltens von Kindern, wodurch ihnen sozusagen ohne Zutun der Eltern eine Lektion erteilt wird, aus der die Kinder eine wichtige Lernerfahrung gewinnen können. Vorausgesetzt allerdings, die Eltern sabotieren diese natürliche Lektion nicht – eine Bemerkung, die vor allem bei nachgiebigen Eltern nicht überflüssig ist.

Beispiel

Nehmen wir den Fall der knapp sechsjährigen Patricia. Nach einem sonntäglichen Familienausflug gibt's bei schönem Wetter noch einen Stopp in einem Biergarten. Der Vater hat für alle an der Getränketheke etwas zu Trinken geholt. Patricia hat sich eine Apfelschorle gewünscht und beginnt, nachdem sie ein paar Schlucke getrunken hat, mit dem Glas auf dem holprigen Biergartentisch herumzufahren. Ihr Vater wirft ihr einen mahnenden Blick zu und gibt ihr zu verstehen, dass sie damit aufhören soll. Patricia lässt sich davon nicht beeindrucken und macht munter weiter. Dann passiert, was passieren muss. Das Glas bleibt an einer Holzkante hängen, kippt um und die Apfelschorle fließt zu Boden. Mit Tränen in den Augen möchte Patricia eine neue Apfelschorle haben. Der Vater bleibt jedoch standhaft und sagt «Mehr als ein Glas gibt's heute nicht.»

Für Patricia ist dies eine schmerzhafte, aber heilsame Lernerfahrung. Das nächste Mal wird sie sicher achtsamer mit ihrem Getränk umgehen.

Natürliche Konsequenzen empfehlen sich vor allem bei Unachtsamkeiten, wie in dem genannten Fall, aber auch bei Nachlässigkeiten, die mit dem Verlust von Spielzeug oder Kleidungsstücken einhergehen oder bei Vergesslichkeiten oder notorischen Trödeleien. Bei letzterem z. B. dann, wenn das Kind aufgrund seiner Trödelei den Schulbus nicht erreicht und deswegen zu spät in die Schule kommt. Wichtig ist – wie gesagt – dass die Eltern die Wirkung natürlicher Konsequenzen, auch wenn das manchmal schwer fällt, nicht aufheben, indem sie z. B. vorschnell einen Verlust ausgleichen oder – wie im Fall der Trödelei – alles dransetzen, damit das Kind doch noch rechtzeitig in die Schule kommt. Wenn sie dies tun, torpedieren sie letztlich bei ihren Kindern die Entwicklung von Achtsamkeit und Verantwortlichkeit.

3.4.7 Logische Konsequenzen

Eine zweite und wesentlich häufiger einsetzbare Vorgehensweise, mit der Eltern ihren Worten durch Taten Nachdruck verleihen können, ist die Methode der *logischen Konsequenzen.* Wir haben diese Methode im Fall der elfjährigen Gabi, die gegen die Regel ihre Hausaufgaben nur zur Hälfte gemacht hatte und nun ihre Freundin besuchen wollte, bereits kennen gelernt. Wir erinnern uns, dass die Mutter darauf bestanden hat, dass Gabi ihre Hausaufgaben komplett fertig macht, bevor sie zu ihrer Freundin geht. Die Tatsache, dass Gabi diese Bedingungen nicht erfüllt hat, brachte die logische, d. h. aus der vereinbarten Regel abgeleitete Konsequenz mit sich, dass Gabi ihre Freundin nicht besuchen konnte. Gerade dieser Fall hat deutlich gemacht, dass es für die Elternperson bisweilen sehr schwer sein kann, gegen die Anfechtungen des Grenzentestens standhaft zu bleiben. Trotzdem sind Regeln und Vereinbarungen nicht in Stein gemeißelt und können unter bestimmten Bedingungen neu verhandelt werden, wie wir im nun folgenden Abschnitt noch sehen werden.

3.4.8 Auszeit

Bleibt als letztes noch die Methode der *Auszeit*, die wir ebenfalls in einem besonderen Fall, nämlich im Zusammenhang mit dem Abkühlen bei hitzigen Auseinandersetzungen, bereits kennen gelernt haben. Allgemein gesprochen sind Auszeiten nichts anderes als eine besondere Variante der logischen Konsequenz. Eine Auszeit kann mit bestimmten Formen inakzeptablen Verhaltens verbunden werden, vor allem bei körperlichen Aggressionen von Kindern, also Schlagen, Stoßen, Beißen etc. oder bei gehäuftem Grenzentesten sowie bei respektlosem oder trotzigem und oppositionellem Verhalten.

4 Gestatten: Familie Berner

Das Ehepaar Berner lebt mit seinen beiden Kindern Thomas und Katharina in einem gemieteten Reihenhaus mit Gartenanteil am Rande einer mittelgroßen Stadt.

Die Mutter der Familie heißt Eva, ist 36 Jahre alt und arbeitet halbtags als Marketingfachfrau in einer kleinen Firma, die sich auf Werbeauftritte mittelständischer Unternehmen spezialisiert hat. Sie liest gern spannende Kriminalromane, joggt regelmäßig und schätzt Wander- und Radtouren mit der gesamten Familie.

Der Vater, Jan Berner, ist 39 Jahre alt und arbeitet als Versicherungskaufmann in einem großen Unternehmen der Finanzbranche, das sich auf Finanzdienstleistungen für Geschäftskunden spezialisiert hat. Er liebt Musik, ist ein passionierter Tischtennisspieler und macht an den Wochenenden mit seiner Frau und den Kindern gern Wander- und Radausflüge.

Tochter Katharina ist 7 Jahre alt und geht in die zweite Grundschulklasse. Ihre Lehrerin beschreibt sie als fröhliche und aufgeweckte Schülerin, die sich viel am Unterricht beteiligt und schnell lernt. In ihrer freien Zeit liest sie gern. Außerdem ist sie zusammen mit ihren Freundinnen Mitglied einer Theatergruppe, die ihr viel Spaß macht.

Thomas ist 10 Jahre alt und wechselt demnächst von der Grundschule aufs Gymnasium. Obwohl er nicht zu den Besten seiner Klasse gehört, hat er überdurchschnittlich gute Noten und interessiert sich vor allem für Mathe und Erdkunde. Er ist ein begeisterter Fußballfan und verbringt möglichst viel seiner Freizeit mit seinen Freunden beim Fußballspielen. Seit einem Jahr spielt er in der C-Jugend seines Vorstadtvereins als talentierter linker Verteidiger.

5 Wie funktioniert der DVD-Elterncoach?

5.1 Einführung

Die interaktive DVD für Eltern mit Grundschulkindern enthält eine Fülle von Filmbeispielen, Erläuterungen und Tipps zur Stärkung elterlicher Erziehungskompetenzen.

Der Hauptinhalt der DVD sind Filme zu fünf verschiedenen «*Erziehungssituationen*», die alle Eltern kennen. Anschließend an jede Situation stehen drei Lösungsalternativen als Reaktion zur Auswahl. Klicken Sie auf die Variante, die beschreibt, wie Sie selbst am ehesten handeln würden. Ein kurzer Film zeigt dann, wie es weitergeht.

Nach diesem Film können Sie einen *Kommentar* ansehen, der noch einmal auf die Frage eingeht: «Was ist passiert?».

Zwei *Fazits*

- «Wie verhalten sich die Eltern?» und
- «Was lernt das Kind?»

richten das Augenmerk auf die Verhaltensmuster der Eltern und deren Auswirkungen auf die Kinder. In den dazugehörigen Texten finden Sie außerdem Erziehungstipps.

Wenn Sie einen Lösungsversuch angesehen haben, können Sie sich natürlich auch die anderen Lösungsvorschläge anschauen. Durch den Vergleich erfahren Sie dabei, wie sich unterschiedliches Erziehungsverhalten auswirken kann.

Wie wird *Erziehungsverhalten* zum *Erziehungsstil*? Zu dieser Frage erhalten Sie Antworten im Kapitel «*Der rote Faden*». Wir empfehlen Ihnen, zunächst mindestens zwei Erziehungssituationen anzusehen, bevor Sie sich mit diesem Kapitel befassen.

Das Kapitel «*Erziehungstipps*» enthält zwölf einfache aber effektive Tipps zur Verbesserung ihres Erziehungsverhaltens.

Die **Abbildung 7** gibt einen grafischen Überblick über den thematischen Aufbau der DVD.

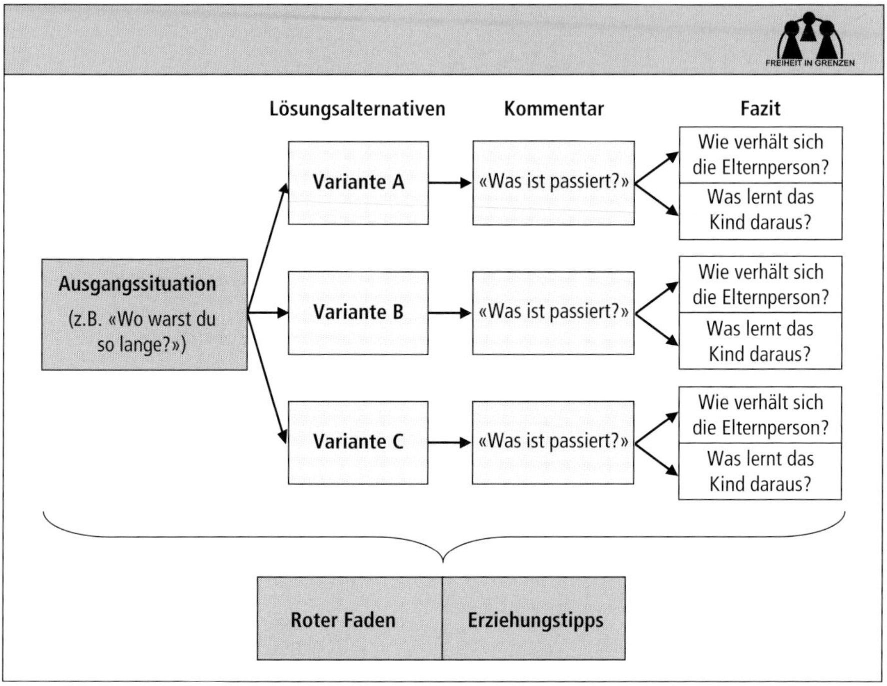

Abbildung 7: Thematischer Aufbau des DVD-Elterncoach

5.2 Bedienung

Legen Sie die DVD in ihren DVD-Player mit der silbernen Fläche nach unten ein.

Für die Navigation der DVD benötigen Sie folgende Tasten:

- I<< (zurück skippen),
- >>I (vorwärts skippen),
- «MENÜ»-Taste (Untermenü),
- «TITLE»-Taste (Hauptmenü).

Wenn Sie sich in einer der fünf Erziehungssituationen befinden, schauen Sie sich entweder den Film an oder skippen Sie diesen mit Ihrer >>I Taste, um so zum nächsten Auswahlmenü zu gelangen.

Wenn Sie zurück zum Hauptmenü gelangen wollen, drücken Sie entweder die TITLE-Taste oder die UNTERMENÜ-Taste oder die in jedem Untermenü auffindbaren Buttons (ins Hauptmenü).

Nach Ablauf des Intros, d. h. eines kurzen Zusammenschnitts einiger Szenen aus der DVD, gelangen Sie automatisch auf die Navigationsoberfläche des Hauptmenüs (siehe **Abbildung 8**).

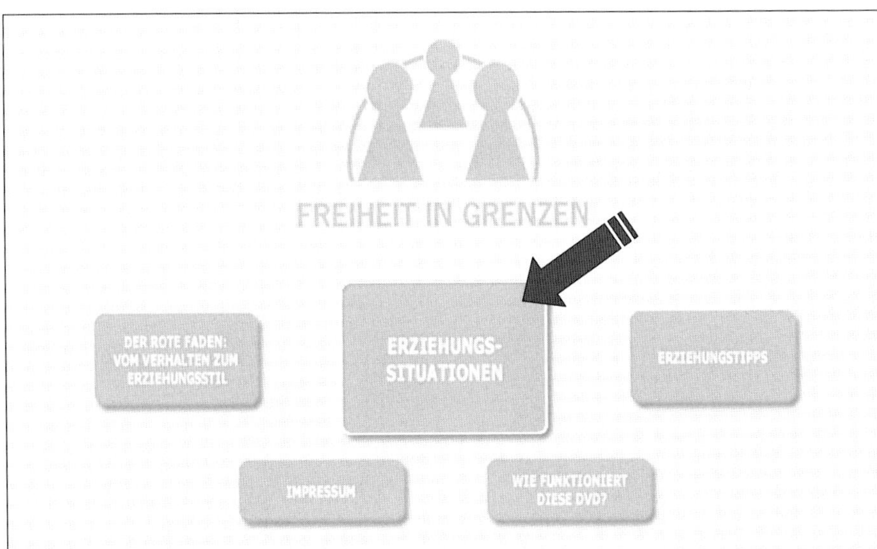

Abbildung 8: Navigationsoberfläche des Hauptmenüs

Wählen Sie zunachst den Button «Erzichungssituationen», um in die Auswahl der stets besonders herausfordernden Erziehungssituationen (Ausgangssituation) zu gelangen (siehe **Abbildung 9**).

Abbildung 9: Untermenü – Auswahl der Ausgangssituationen (nach Klick auf den Button «Erziehungssituationen» im Hauptmenü)

Im Folgenden wollen wir Sie nun Schritt für Schritt damit vertraut machen, wie Sie sich am Besten durch die einzelnen Erziehungsszenarien durcharbeiten.

Als erstes wählen Sie ein Ausgangsszenario aus (hier als Beispiel «Wo warst du so lange?») und sehen Sie sich den Film an.

Nun können Sie selbst aktiv werden und Ihre eigenen Gedanken und Gefühle einbringen. Überlegen Sie kurz, was hier passiert ist und wie Sie selbst in dieser Situation reagieren würden. Machen Sie sich hierzu Notizen auf dem entsprechenden Reflexionsbogen (siehe **Abbildung 10**), und diskutieren Sie, wenn Sie möchten, darüber mit Ihrem Partner.

«Was habe ich wahrgenommen?»

«Wie würde ich jetzt spontan reagieren?»

Abbildung 10: Beispiel einer Reflexionsübung zu den jeweiligen Ausgangsszenarien

Im nächsten Schritt bietet Ihnen der Elterncoach die Auswahl zwischen drei verschiedenen denkbaren Handlungsalternativen A, B oder C als Reaktion auf die Ausgangssituation (Handlungsalternativen: «Was würden Sie als nächstes machen?», siehe **Abbildung 11**). Wählen Sie z. B. die Ihrer Reaktion am nächsten kommende Lösungsalternative aus und sehen Sie sich den Film an.

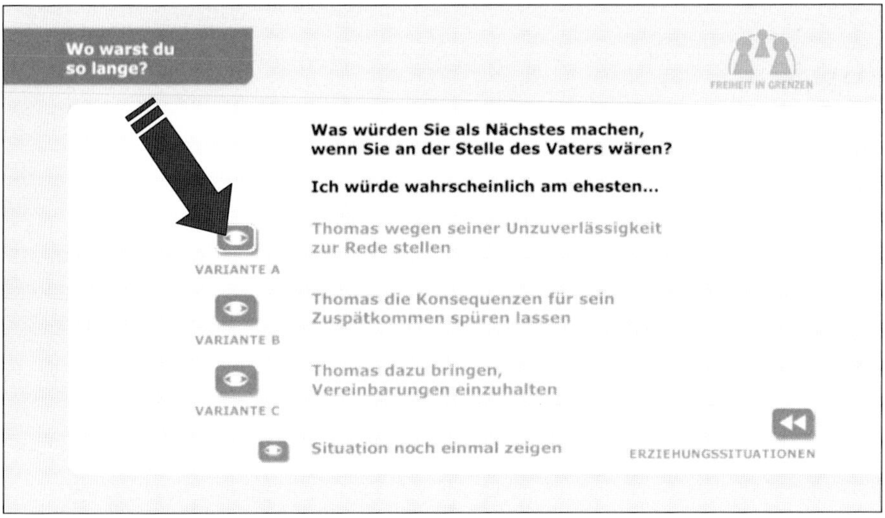

Abbildung 11: Untermenü – Auswahl der Handlungsalternativen der Erziehungssituation «Wo warst Du so lange?»

Nun überlegen Sie sich, was in dieser Variante gerade passiert ist. Am Besten ist, wenn Sie sich dabei an ganz konkrete Ereignisse oder Dinge, die Ihnen aufgefallen sind, erinnern und diese notieren.

«Was ist passiert?»

Abbildung 12: Beispiel einer Reflexionsübung zu den jeweiligen Lösungsvarianten

Wir empfehlen Ihnen, sich anschließend anzusehen, was der Elterncoach zu der ausgewählten Lösungsvariante sagt, indem Sie auf «Erläuterung: Was ist passiert?» klicken (siehe **Abbildung 13**) und so zum «Kommentar» weitergeleitet werden. Sie können dann vergleichen, inwieweit das, was Sie in der Erläuterung gesehen und gehört haben, mit dem übereinstimmt, was auch Ihnen aufgefallen ist.

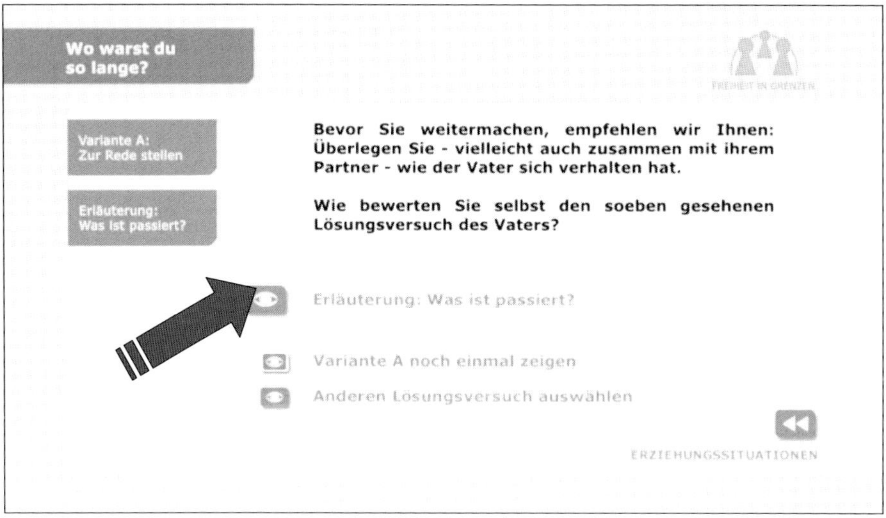

Abbildung 13: «Erläuterung: Was ist passiert?» der «Variante A» der Erziehungssituation «Wo warst du so lange?»

Vergleichen Sie nun, was Sie aufgeschrieben haben – sind Sie zu ähnlichen Ergebnissen gekommen?

Im Anschluss an diese Erläuterung können Sie analog zu dem bisherigen Vorgehen zunächst für sich ein Fazit ziehen, und zwar zum einen unter der Perspektive, wie sich die Eltern verhalten (z. B. «Wie verhält sich der Vater?») und zum anderen im Hinblick darauf, was die Kinder aus der vorangegangenen Situation lernen (z. B. «Was lernt Thomas?»). Machen Sie sich wieder Notizen auf dem vorgesehenen Reflexionsbogen (vgl. **Abbildung 14**) und diskutieren Sie nach Möglichkeit mit Ihrem Partner über Ihre Wahrnehmungen.

«Wie verhält sich die Elternperson?»

«Was lernt das Kind?»

Abbildung 14: Beispiel einer Reflexionsübung zu den Fazits «Wie verhält sich die Elternperson?», «Was lernt das Kind?»

Sehen Sie sich im Anschluss daran die Videos der beiden Fazits an (vgl. **Abbildung 15** «Wie verhält sich der Vater?», und **Abbildung 16** «Was lernt Thomas?»), um mehr über das Verhalten der Eltern und darüber zu erfahren, was die Kinder aus der vorangegangenen Situation gelernt haben.

Abbildung 15: «Fazit: Wie verhält sich der Vater?» der «Variante A» der Erziehungssituation «Wo warst du so lange?»

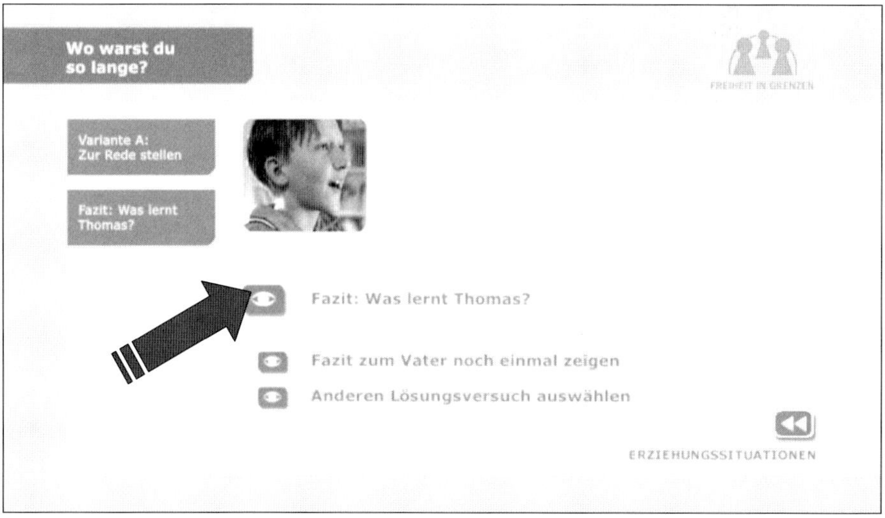

Abbildung 16: «Fazit: Was lernt Thomas?» der «Variante A» der Erziehungssituation «Wo warst du so lange?»

Nun erscheint ein weiteres Untermenü zur Auswahl eines anderen Lösungsversuchs (vgl. **Abbildung 17**). Sie können sich nun den Film erneut anschauen oder aber eine neue Handlungsalternative auswählen. Machen Sie sich auch zu den anderen Lösungsvorschlägen in ähnlicher Weise anhand der Reflexionsbögen immer zuerst Ihre eigenen Gedanken, bevor Sie jeweils die Erläuterung und die Fazits betrachten.

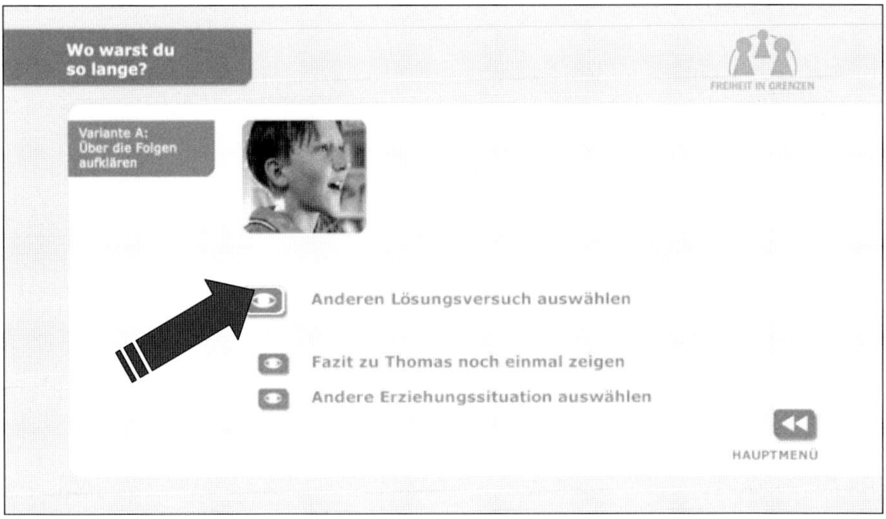

Abbildung 17: «Anderen Lösungsversuch auswählen» in der «Variante A» der Erziehungssituation «Wo warst du so lange?»

Wir empfehlen Ihnen, sich auf diese Art und Weise über mehrere Tage verteilt durch die fünf Erziehungsszenarien mit ihren jeweiligen Lösungsvarianten durchzuarbeiten.

Sie haben bei der Menüführung auch jederzeit die Möglichkeit, die Ausgangsszenarien oder Lösungsvarianten noch einmal anzuschauen oder bestimmte Szenen auszuwählen, die sie besonders interessieren.

Auf der Navigationsoberfläche des Hauptmenüs können Sie sich durch Aktivierung der Schaltfläche «Erziehungstipps», die ein «Überleben in schwierigen Situationen» ermöglichen sollen, gesondert die zwölf Erziehungstipps ansehen.

Der «Rote Faden» gibt Erläuterungen zu den verschiedenen Erziehungsstilen, speziell zu dem Erziehungskonzept «Freiheit in Grenzen», dessen grundlegende Merkmale sich wie ein «roter Faden» durch alle Erziehungsszenarien dieser DVD ziehen.

5.3 Technische Hinweise

Diese DVD ist so programmiert, dass sie auf einem Standard-DVD-Player funktioniert.

Deshalb wird der einwandfreie Ablauf der DVD nur auf einem herkömmlichen DVD-Player garantiert.

6 Fünf typische Erziehungssituationen – was würden Sie tun?

Während auf der DVD aus den angebotenen Erziehungssituationen die einzelnen Szenarien beliebig ausgewählt werden können, werden sie im Folgenden in einer festen Reihenfolge dargestellt. Genauer gesagt: Die Ausgangssituationen zu den fünf Erziehungsszenarien werden kurz beschrieben. Jeweils im Anschluss daran folgen dann die drei Lösungsvarianten und die dazu gehörigen Erläuterungen und Fazits – und zwar weitgehend so, wie sie auch auf der DVD zu hören bzw. zu lesen sind.

6.1 Nach Hause kommen oder «Wo warst du so lange?»

Ausgangssituation

Der Vater ist im Stress. Er hat eine wichtige Verabredung mit seinem Chef und es sieht so aus, dass er seinen Termin nicht einhalten kann. Warum? Er ist allein zu Hause und wartet auf Thomas, mit dem er vereinbart hat, dass er pünktlich um fünf zu Hause ist. Thomas hat keinen Schlüssel bei sich und am Telefon verspricht der Vater seiner Frau, dass er ihn nicht vor der Tür stehen lässt. Nun ist es zehn vor sechs und er wartet schon über eine dreiviertel Stunde. Da klingelt es an der Tür. Der Vater öffnet und an ihm vorbei huscht Thomas mit einem Fußball unter dem Arm. Verdutzt hält der Vater für einen Moment inne.

«Was würden Sie als Nächstes machen, wenn Sie an der Stelle des Vaters wären?»

Bevor Sie sich eine der drei Möglichkeiten – die Varianten A, B und C – ansehen, möchten wir Sie zunächst dazu auffordern, sich ein paar Gedanken zu dieser Ausgangssituation zu notieren, und im Anschluss zu überlegen, wie Sie selbst reagieren würden. Diskutieren Sie Ihre Notizen nach Möglichkeit mit Ihrem Partner bzw. einer anderen Elternperson.

Reflexionsübung 5: «Was habe ich wahrgenommen», «Wie würde ich jetzt spontan reagieren?»

«Was habe ich wahrgenommen?»

«Wie würde ich jetzt spontan reagieren?»

Variante A

«Thomas wegen seiner Unzuverlässigkeit zur Rede stellen»

Nun überlegen Sie sich nach dem Ansehen dieses Lösungsvorschlages bevor Sie weiter lesen, was in dieser Variante gerade passiert ist. Versuchen Sie sich dabei an ganz konkrete Ereignisse oder Dinge, die Ihnen aufgefallen sind, zu erinnern, notieren Sie diese und diskutieren Sie nach Möglichkeit wieder über Ihre Wahrnehmungen.

Reflexionsübung 6: «Was ist passiert?»

«Was ist passiert?»

Fazit: Wie verhält sich der Vater?

(Vergleichen Sie hierzu auch die jeweils angegebenen Erziehungstipps auf den Seiten 163–167)

Der Vater will «Thomas wegen seiner Unzuverlässigkeit zur Rede stellen.» Es gelingt ihm nicht. Dafür gibt es zwei wichtige Gründe:

- Sein Verhalten ist zu nachgiebig, was zur Folge hat, dass nicht er, sondern Thomas das Geschehen diktiert. Und:
- Er hat keine klaren Vorstellungen davon, wie er sein Ziel erreichen soll (Tipp 5).

Was ihm fehlt, ist eine Erziehungsstrategie (Tipp 2). Deswegen kann er auch nicht schnell und sicher handeln – und zwar von Anfang an:

- Statt auf die Verspätungsgründe von Thomas einzugehen (Tipp 4), lässt er es zu, dass er in die Küche entwischt.
- Statt seinen Stress und seinen Ärger klar zum Ausdruck zu bringen (Tipp 7), wirft er Thomas vor, dass er kein Verständnis für ihn hat.
- Statt das Fernsehen abzuschalten, um mit Thomas zu sprechen, lässt er sich von ihm in eine Diskussion über Fußball verwickeln. Und:
- Statt etwas dafür zu tun, dass Thomas in Zukunft sein Verhalten ändert, verzichtet er schließlich ganz darauf, mit ihm zu sprechen (Tipp 7).

Fazit: Was lernt Thomas und was nicht?

(Vergleichen Sie hierzu auch die jeweils angegebenen Erziehungstipps auf den Seiten 163–167)

Er lernt vor allem zwei Dinge, nämlich

- dass es für ihn ohne Konsequenzen bleibt, wenn er Vereinbarungen mit seinem Vater nicht einhält (Tipp 10); und
- dass er sich mit ein paar «Tricks» unangenehmen Auseinandersetzungen erfolgreich entziehen kann.

Thomas lernt *nicht*,

- dass sein Vater auf das eingeht, was er sagt (Tipp 4);
- dass er die Situation seines Vaters wirklich versteht (Tipp 7);
- dass er Hinweise bekommt, Vereinbarungen in Zukunft zuverlässig einzuhalten (Tipp 9); und
- dass er mit Konsequenzen rechnen muss, wenn er sich nicht an Absprachen hält (Tipp 10).

Variante B

«Thomas die Konsequenzen für sein Zuspätkommen spüren lassen»

Nun können Sie erneut selbst aktiv werden, und analog zum Vorgehen bei der Variante A Ihre eigenen Gedanken ins Spiel bringen.

Reflexionsübung 8: «Was ist passiert?»

«Was ist passiert?»

Erläuterung: Was ist passiert?

Zwar gelingt es Thomas, an seinem Vater vorbei zu schlüpfen, als der ihm die Tür öffnet. Doch auf die Frage, wo er denn so lange gewesen sei, hat Thomas nicht die Spur einer Chance, überhaupt zu antworten. Stattdessen macht der Vater lautstark seinem Ärger Luft. Er beschimpft Thomas als unzuverlässig, schiebt ihm die Schuld für seinen Terminstress in die Schuhe und bestraft ihn mit einem dreitägigen Fernsehverbot. Wütend stürzt er aus dem Haus. Zurück bleibt Thomas – ohnmächtig, gedemütigt und ärgerlich zugleich.

Abends sitzt der Vater allein vor dem Fernseher und verfolgt eine Fußballübertragung. Thomas kommt ins Zimmer und fragt, ob er sich ein Stück Pizza nehmen kann. Die Stimmung ist gedrückt. Mit einem knappen «meinetwegen» geht der Vater auf den Wunsch von Thomas ein. Mehr aber auch nicht. Dabei hätte die Pizza eine hilfreiche Brücke sein können, um in Ruhe noch einmal über die Sache mit dem Zuspätkommen zu sprechen. Leider eine vertane Chance. Die Stimmung bleibt gedrückt und die Beziehung zwischen Vater und Sohn hat einen Knacks bekommen.

Machen Sie sich wieder zuerst eigene Gedanken zu der Quintessenz dieser Lösungsvariante.

Reflexionsübung 9: «Wie verhält sich der Vater?», «Was lernt Thomas?»

«Wie verhält sich der Vater?»

«Was lernt Thomas?»

Fazit: Wie verhält sich der Vater?

(Vergleichen Sie hierzu auch die jeweils angegebenen Erziehungstipps auf den Seiten 163-167)

«Thomas die Konsequenzen für sein Zuspätkommen spüren lassen.» Mit diesem Vorsatz will der Vater Thomas beibringen, sich an Vereinbarungen zu halten. Wie geht er dabei vor?

- Er lässt seinem Ärger unkontrolliert freien Lauf (Tipp 3).
- Er überschüttet Thomas mit Drohgebärden, Beschimpfungen und Schuldzuweisungen (Tipp 6). Und:
- Er brummt ihm im Affekt eine saftige Strafe auf (Tipp 6).

Zugegeben, auch Eltern sind nur Menschen und können mal aus der Rolle fallen. Das ist kein Beinbruch – vorausgesetzt, sie bringen die Dinge später wieder ins Lot (Tipp 7). Das allerdings gelingt dem Vater nicht. Auch später, vor dem Fernseher, als sich die unmittelbare Erregung gelegt hat, findet er keinen Weg, den Streit versöhnlich beizulegen. Was hätte er tun können, um die Sache zu bereinigen?

- Er hätte mit Thomas offen über seinen Ärger sprechen können (Tipp 7).
- Er hätte sich bei Thomas für seine allzu heftige Reaktion entschuldigen können (Tipp 7). Und:
- Er hätte auf diese Weise erreichen können, mit Thomas zu regeln, wie er in Zukunft pünktlich sein kann (Tipp 9).

All das hätte der Vater tun können. Hat er aber nicht. Leider.

Fazit: Was lernt Thomas?

(Vergleichen Sie hierzu auch die jeweils angegebenen Erziehungstipps auf den Seiten 163-167)

Thomas lernt,

- dass er keine Chance hat, seine eigene Sicht der Dinge darzustellen (Tipp 4);
- dass sein Vater ihn demütigt und abwertet (Tipp 6);
- dass sein Vater sich mit autoritärer Macht und harten Strafen durchsetzt (Tipp 6);
- dass es bei Konflikten mit ihm keinen versöhnlichen Ausklang gibt, und
- dass er von seinem Vater keine Hinweise dafür bekommt, wie er in Zukunft Vereinbarungen besser einhalten kann (Tipp 9).

Auch wenn der Vater sich mit seinem autoritären Verhalten durchgesetzt hat: Was bleibt, sind ungute Gefühle auf beiden Seiten und eine angespannte Beziehung zwischen Vater und Sohn.

Variante C

«Thomas dazu bringen, Vereinbarungen einzuhalten»

Auch an dieser Stelle empfehlen wir Ihnen, sich erst einmal ein paar Gedanken zu machen und die Reflexionsübung durchzuführen.

Reflexionsübung 10: «Was ist passiert?»

«Was ist passiert?» FREIHEIT IN GRENZEN

Erläuterung: Was ist passiert?

Erkennbar unter Stress fordert der Vater von Thomas eine Erklärung für sein Zuspätkommen. Als Thomas von seinem verknacksten Fuß erzählt, setzt sich der Vater sofort zu ihm auf die Treppe und prüft, wie ernsthaft die Verletzung ist. Anschließend jedoch macht er ihm klar, dass er frustriert ist, weil Thomas ihn hat hängen lassen. Bevor er zu seinem Termin aufbricht, kündigt er an, dass er mit Thomas am Abend noch einmal über seine Unpünktlichkeit sprechen wird.

Als er zurückkommt, setzt er sich neben Thomas auf den Boden und schaltet als erstes den Fernseher ab. Thomas ahnt, was auf ihn zukommt und will sich aus dem Staub machen. Vergeblich. Sein Vater hält ihn am Arm zurück und behält auch im Folgenden Körperkontakt zu ihm. Klar und bestimmt, zugleich aber auch zugewandt und freundlich, spricht er über seine Sicht der Dinge. Er besteht mit Nachdruck darauf, dass Thomas sich zuverlässig an ihre Vereinbarungen hält und fragt ihn, wie es ihm ginge, wenn er vergeblich auf seinen Vater warten müsste. Anschließend lässt er Thomas eine Lösung dafür finden, wie er in Zukunft pünktlich sein kann, auch wenn er keine Uhr dabei hat.

Dann fügt er noch etwas Wichtiges hinzu: Falls Thomas noch einmal unpünktlich ist, muss er auf einen Fußballnachmittag verzichten. Eine ungemütliche Konsequenz für einen begeisterten Fußballfan. Aber: Thomas hat es jetzt selbst in der Hand, wofür er sich entscheiden will. Er spürt die Verantwortung, die nun auf ihm lastet, und entsprechend hält sich seine Begeisterung in Grenzen, als er dem Deal mit seinem Vater zustimmt.

Trotzdem: Die Sache ist geklärt und die Stimmung ist gerettet.

Nun sind wieder Sie an der Reihe, sich bilanzierende Gedanken zu dieser Handlungsalternative zu machen.

6.2 Aufräumen oder «So ein Saustall!»

Ausgangssituation

Der Vater kommt in Katharinas Zimmer und sucht nach einer Schere. Mitten im Chaos sitzen Katharina und Thomas dort auf dem Boden und spielen einträchtig Quartett. Bei seiner erfolglosen Suche nach der Schere rutscht der Vater auf einer Bananenschale aus. Für ihn das Signal, eine Aufräumaktion zu starten.

«Was würden Sie als Nächstes machen, wenn Sie an der Stelle des Vaters wären?»

Bevor Sie sich eine der drei Möglichkeiten – die Varianten A, B und C – ansehen möchten wir Sie erneut dazu auffordern, sich zunächst ein paar Gedanken zu dieser Ausgangssituation zu notieren, und im Anschluss zu überlegen, wie Sie selbst reagieren würden.

Reflexionsübung 12: «Was habe ich wahrgenommen», «Wie würde ich jetzt spontan reagieren?»

«Was habe ich wahrgenommen?»

«Wie würde ich jetzt spontan reagieren?»

Variante A

«Den beiden die Unordnung vor Augen führen»

Analog zu der vorherigen Erziehungssituation laden wir sie dazu ein, sich zu überlegen, zu notieren und zu diskutieren, was Ihnen spontan zu dieser Lösungsversion einfällt.

Reflexionsübung 13: «Was ist passiert?»

«Was ist passiert?»

Erläuterung: Was ist passiert?

Erster Stein des Anstoßes im Chaos-Kinderzimmer ist für den Vater die herumliegende Bananenschale. Die beiden lehnen jede Verantwortung ab und spielen ungerührt weiter. Im Nu ist der Vater auf hundertachtzig: Wütend schleudert er die Bananenschale auf den Boden, unterbricht das Spiel und verlangt, sofort das Zimmer aufzuräumen. Thomas wagt zu widersprechen und handelt sich dafür einen Rüffel ein. Dann geht der Vater ins Detail. Als erstes knöpft er sich Katharina vor und zwingt sie zum Aufräumen. Während er laut schimpfend Katharinas Kleiderschrank entrümpelt, kommt die Mutter dazu. Er beschuldigt sie, hinter den Kindern herzuräumen und wirft ihr damit erzieherisches Versagen vor. Das alles vor den Augen der Kinder. Es wird nicht das einzige Mal bleiben.

Als nächstes wendet sich der Vater dem Durcheinander auf dem Fußboden und auf dem Schreibtisch zu. Zornig wischt er die Sachen vom Schreibtisch und verdonnert Katharina dazu, innerhalb einer Stunde ihr Zimmer in Ordnung zu bringen. Verängstigt durch seinen Wutanfall flüchtet Katharina zu ihrer Mutter und hängt sich schutzsuchend wie ein kleines Kind an ihren Hals.

Nun ist Thomas an der Reihe. Auch er soll sein Zimmer aufräumen. Als er trotzig wird, holt der Vater reflexartig zu einer Ohrfeige aus, kann sich aber gerade noch beherrschen. Thomas spürt, dass Gewalt in der Luft liegt. «Voll der Terror hier» schreit er und flüchtet in Richtung eigenes Zimmer. Durch die geschlossene Tür hindurch brüllt sein Vater ihm zu, seine «Drecksbude auszumisten» – und droht ihm mit massiven Konsequenzen, falls er nicht spurt.

Ziehen Sie erneut selbst Bilanz zu den Konsequenzen dieser Lösungsszene.

Reflexionsübung 14: «Wie verhalten sich die Eltern?», «Was lernen Katharina und Thomas?»

«Wie verhalten sich die Eltern?»

«Was lernen Katharina und Thomas?»

Fazit: Wie verhält sich der Vater?

(Vergleichen Sie hierzu auch die jeweils angegebenen Erziehungstipps auf den Seiten 163-167)

«Den beiden ihre Unordnung vor Augen führen» ist das Ziel des Vaters. Er setzt sich durch – mit drastischen Mitteln, aber auch mit mehr als zweifelhaftem Erfolg, was den Familienfrieden angeht. Ausgelöst durch das Chaos im Kinderzimmer macht er seinem Ärger mit einem Rundumschlag Luft:

- Mit drohenden Gesten, erregter Stimme und lauten Vorwürfen verbreitet er bei seinen Kindern und bei seiner Frau Angst, Wut und Unverständnis (Tipp 6).
- Ohne eine Spur von Respekt für die anderen zieht er seine Lektion in Sachen Aufräumen kompromisslos durch. Und:
- Vor den Augen und Ohren seiner Kinder erniedrigt er seine Frau und kündigt so die elterliche Solidarität auf (Tipp 2).

Dabei hätte das alles nicht so kommen müssen, wenn er ein paar hilfreiche Tipps beachtet hätte, wie man von seinem Ärger runterkommt (Tipp 3) und Kränkungen vermeidet (Tipp 6).

Fazit: Was lernen die Kinder?

(Vergleichen Sie hierzu auch die jeweils angegebenen Erziehungstipps auf den Seiten 163-167)

Thomas und Katharina lernen auf jeden Fall nicht, wie man aus eigener Verantwortung sein Zimmer in Ordnung hält. Stattdessen lernen sie von ihrem Vater,

- dass sie angeschrieen und respektlos behandelt werden (Tipp 6);
- dass sie mit Gewalt und Zwang rechnen müssen;
- dass sie sich der Macht ihres Vaters fügen müssen (Tipp 6);
- dass sie in einem Konflikt mit ihrem Vater weder Verständnis noch Hilfe von ihm bekommen (Tipp 4); und
- dass ihre Eltern sich ihretwegen streiten (Tipp 2) – eine Erfahrung, die für Kinder besonders beängstigend und bedrohlich ist.

Variante B

«Den beiden Ordnung beibringen»

Nun sind erstmal wieder Sie an der Reihe, in gewohnter Weise aktiv zu werden.

Reflexionsübung 15: «Was ist passiert?»

«Was ist passiert?»

Erläuterung: Was ist passiert?

Leicht angewidert hält der Vater die Bananenschale in den Fingern. Vor ihm auf dem Boden spielen Thomas und Katharina Quartett. Er weiß, er muss jetzt handeln. Ohne große Umschweife kündigt er eine Spielpause an und nimmt den beiden erst mal die Spielkarten aus der Hand. Dann folgt eine kurze Belehrung, wie mit Obstresten umzugehen ist und ein humorvoller Kommentar zum Chaos in Katharinas Zimmer. Damit ist der Vater an dem Punkt, das Unternehmen «Aufräumen» in Gang zu setzen. Wie er das macht, ist bemerkenswert:

Zuerst signalisiert er den beiden Vertrauen in ihre Fähigkeit, Ordnung zu halten. Dann fordert er sie auf, ihre Zimmer auch tatsächlich in Ordnung zu bringen. Aber – und das ist ganz wichtig – er erlaubt ihnen, ihr Spiel zu Ende zu spielen und lässt sie selbst vorschlagen, wie viel Zeit sie dafür brauchen. Doch bevor sie ihr Spiel fortsetzen, besteht er darauf, dass Katharina die Bananenschale entsorgt, denn schließlich ist es ihr Zimmer, in dem das unappetitliche Objekt gefunden wurde. Nicht gerade begeistert, aber letztlich willig macht sie sich auf den Weg zum Biomüll.

Nun treten beide Eltern als «Aufräumpolizei» auf den Plan. Katharina ist noch ein bisschen zögerlich. Doch die Mutter macht ihr Mut und verspricht zu helfen. Und los geht's zunächst mal mit dem Sortieren der Wäsche. Mit ein bisschen Unterstützung von der Mama läuft die Sache wie geschmiert. Und Thomas? Der will zunächst mal ausbüchsen. Sein Vater zeigt ihm aber, dass er es mit der Aufräumpolizei ernst meint und zieht mit ihm ab auf sein Zimmer. Inzwischen macht Katharina immer größere Fortschritte beim Aufräumen – und braucht dabei immer weniger Hilfe von ihrer Mutter. Zum Schluss geht sie ganz allein mit dem Staubsauger durch ihr Zimmer und lässt sogar den Boden unter dem Schrank nicht aus. Mittlerweile ist Thomas schon fertig. Er und seine Eltern schauen bei Katharina rein und sehen ein tipp-topp aufgeräumtes Zimmer. Stolz heimst sie dafür ein dickes Lob ein.

Welches Fazit leiten Sie persönlich aus dieser Variante für die Eltern bzw. Kinder ab?

Reflexionsübung 16: «Wie verhalten sich die Eltern?», «Was lernen Katharina und Thomas?»

«Wie verhalten sich die Eltern?»

«Was lernen Katharina und Thomas?»

Fazit: Wie verhalten sich die Eltern?

(Vergleichen Sie hierzu auch die jeweils angegebenen Erziehungstipps auf den Seiten 163-167)

«Den beiden Ordnung beibringen», nimmt sich der Vater vor und er schafft sein Ziel auch. Wie geht er dabei vor?

- Er besinnt sich als erstes kurz auf seine Erziehungsstrategie (Tipp 2).
- Er gibt seinen Kindern zu erkennen, dass er Vertrauen in ihre Fähigkeiten hat (Tipp 1).
- Er sagt klar und bestimmt – dazwischen auch mit einem Schuss Humor – was er von ihnen will (Tipp 5).
- Er unterstreicht durch sein Handeln, dass er es auch ernst meint. Und:
- Er lässt seinen Kindern Freiraum und beteiligt sie an der Entscheidung, wann sie mit dem Aufräumen beginnen (Tipp 8).

Welchen Part übernimmt die Mutter?

- Sie teilt sich die Arbeit mit Ihrem Mann und handelt ähnlich wie er – ein Beweis dafür, dass sie als Eltern ein gut funktionierendes Team sind (Tipp 2).
- Sie unterstützt Katharina anfänglich beim Aufräumen und überlässt ihr dann immer mehr Eigeninitiative. Und:
- Sie bleibt – wie ihr Mann auch – die ganze Zeit über freundlich und respektvoll (Tipp 6).

Fazit: Was lernen die Kinder?

(Vergleichen Sie hierzu auch die jeweils angegebenen Erziehungstipps auf den Seiten 163-167)

Katharina und Thomas lernen,

- dass ihre Bedürfnisse ernst genommen werden;
- dass aber auch die Eltern mir ihren Bedürfnissen ernst genommen werden wollen;
- dass ihre Eltern selbst in kritischen Situationen locker, freundlich und humorvoll bleiben (Tipp 1);
- dass ihre Eltern an einem Strang ziehen (Tipp 2);
- dass sie mit der Unterstützung ihrer Eltern rechnen können; und
- dass sie jetzt besser wissen, wie sie selbst in ihren Zimmern Ordnung halten können.

Variante C

«Die beiden zum Aufräumen bewegen»

Welche Gedanken haben Sie spontan zu dieser Handlungsalternative?

Reflexionsübung 17: «Was ist passiert?»

«Was ist passiert?»

FREIHEIT IN GRENZEN

Erläuterung: Was ist passiert?

Was hier passiert, ist ein Paradebeispiel für das beliebte Spiel zwischen Eltern und Kindern mit dem Namen «Grenzensetzen und Grenzentesten». Die Ausgangssituation ist klassisch: ein chaotisches Zimmer, zwei im Spiel versunkene Kinder und ein Vater, der etwas sucht, ohne es zu finden. Die Kinder haben keine Lust, ihrem Vater dabei zu helfen. «Räumt doch mal euren Saustall hier auf!» fordert er – wenn auch nicht gerade mit besonderem Nachdruck. Von wem er was, in welcher Zeit, wohin aufgeräumt sehen möchte, sagt er nicht. Damit öffnet er unweigerlich das Einfallstor zum Grenzentesten. Zuerst setzt ihn Katharina moralisch unter Druck. Dann vertröstet ihn Thomas mit einem vagen Versprechen. Erfolgreich, denn mit der Bemerkung «Ich komm' gleich noch mal vorbei» verlässt der Vater das Zimmer. Aber wann ist «gleich»? Außerdem hilft er Thomas und Katharina auch noch: die eklige Bananenschale nimmt er beim Rausgehen nämlich schon mal mit. Ein beachtlicher Teilerfolg der beiden in ihrem «Spiel ohne Grenzen».

Bei seinem angekündigten Inspektionsgang muss der Vater feststellen, dass sich in der Zwischenzeit nichts getan hat. Wieder wird er vertröstet. Nun bereitet er seinen erneuten Rückzug vor – diesmal mit einer Horrorgeschichte. Das bringt die beiden gerade mal zum Grinsen. Zum Aufräumen jedenfalls nicht.

Unverrichteter Dinge verlässt der Vater das Kinderzimmer. Seinen Frust darüber lädt er bei seiner Frau ab. Durch die Tür können Thomas und Katharina alles gut mithören. Die Eltern schieben sich gegenseitig die Schuld für die Unordnung im Kinderzimmer zu. Im Handumdrehen wird so aus einem Vater-Kind-Konflikt ein Paarkonflikt.

Ebenso schnell schwappt der Paarkonflikt aber auch wieder zurück auf die Beziehung zu den Kindern. Denn als nun die Mutter das Kinderzimmer betritt, steht ihr der Ärger mit ihrem Mann noch ins Gesicht geschrieben. Trotzdem: Sie sammelt – ein «letztes Mal» wie sie betont – die schmutzige Wäsche ein und tut damit das Gleiche, was ihr Mann bereits mit der Bananenschale getan hat: Sie räumt auf. Ohne einen Finger zu rühren, sehen Thomas und Katharina ihr dabei zu. «Von mir habt ihr das nicht geerbt» zischt die Mutter und macht damit ihren Mann zum Sündenbock – genau so, wie er es zuvor mit ihr getan hat. Die Konsequenz aus alldem ist eine misslungene Aufräumaktion, Streit zwischen den Ehepartnern und schlechte Stimmung zwischen Eltern und Kindern.

Machen Sie sich auf dem Reflexionsbogen erneut zuerst persönliche Notizen zu dieser Situation.

Reflexionsübung 18: «Wie verhalten sich die Eltern?», «Was lernen Katharina und Thomas?»

«Wie verhalten sich die Eltern?»

«Was lernen Katharina und Thomas?»

Fazit: Wie verhalten sich die Eltern?

(Vergleichen Sie hierzu auch die jeweils angegebenen Erziehungstipps auf den Seiten 163-167)

«Die beiden zum Aufräumen bewegen», nimmt sich der Vater vor, als er bei seiner Suche nach einer Schere auf ein chaotisches Kinderzimmer trifft. Was wird aus seinem Vorhaben? Ein Schlag ins Wasser. Das hat vor allem zwei Gründe:

- Der Vater gibt unklare Anordnungen (Tipp 5). Und:
- Er lässt sich mit vagen Versprechungen abspeisen.

Außerdem überträgt er den Konflikt mit seinen Kindern auf seine Frau, was zu einem Streit zwischen den Eltern führt. Das Resultat ist:

- Sie untergraben vor den Kindern ihre elterliche Solidarität (Tipp 2). Und:
- Sie tun, was eigentlich ihre Kinder tun sollen: sie räumen auf.

Fazit: Was lernen die Kinder?

(Vergleichen Sie hierzu auch die jeweils angegebenen Erziehungstipps auf den Seiten 163-167)

Katharina und Thomas lernen,

- dass sie auf unklare Anordnungen ihres Vaters nicht reagieren müssen (Tipp 5);
- dass sie ihn mit ebenso unklaren Versprechungen abwimmeln können;
- dass es für sie selbst folgenlos bleibt, wenn sie ihr Versprechen nicht einhalten (Tipp 10);
- dass sie mit ihrer Verzögerungstaktik ihren Vater schließlich zum Aufgeben bringen;
- dass ihre Eltern ihretwegen in Streit geraten (Tipp 2); und
- dass sie selbst dabei sogar noch profitieren, denn letztlich ist es ihre Mutter, die das Aufräumen übernimmt.

Zwar ist die Stimmung schlecht. Aber trotzdem: im Grenzentestspiel zwischen «Jung» und «Alt» geht das Team «Jung» als klarer Sieger vom Platz.

6.3
Geschwisterstreit oder «Das ist meins!»

Ausgangssituation

Der Vater ist im Garten und installiert einen neuen Rasensprenger. Durch die offene Wohnzimmertür hört er plötzlich kreischende Kinderstimmen. Er lässt den Rasensprenger liegen, geht ins Haus und sieht, dass sich Katharina und Thomas heftig um ein ferngesteuertes Auto streiten.

«Was würden Sie als Nächstes machen, wenn Sie an der Stelle des Vaters wären?»

Erneut möchten wir Sie dazu auffordern, bevor Sie sich eine der drei Möglichkeiten – die Varianten A, B und C – ansehen ein paar Gedanken zu dieser Ausgangssituation zu notieren. Überlegen Sie sich im Anschluss auch, wie Sie selbst reagieren würden.

Reflexionsübung 19: «Was habe ich wahrgenommen?», «Wie würde ich jetzt spontan reagieren?»

«Was habe ich wahrgenommen?»

«Wie würde ich jetzt spontan reagieren?»

Variante A

«Die beiden auffordern, dass sie sich einigen sollen»

Wie haben Sie diese Lösungsalternative erlebt? Schreiben Sie in gewohnter Weise zuerst Ihre Gedanken hierzu nieder, um sie anschließend nach Möglichkeit zu diskutieren.

Reflexionsübung 20: «Was ist passiert?»

«Was ist passiert?»

Erläuterung: Was ist passiert?

Dass Geschwister sich streiten ist normal und gehört zum Familienalltag. In der Regel brauchen Eltern nicht einzugreifen. Meistens finden die Streithähne selbst einen Weg, um ihren Zwist zu beenden. Anders ist es jedoch, wenn der Streit Überhand nimmt oder wenn körperliche Gewalt mit im Spiel ist. Hier sind die Eltern gefordert, klar und bestimmt zu handeln. Konsequenzlose Anordnungen (wie «Aufhören!»), moralische Appelle (wie «Die ganzen Nachbarn gucken schon rüber») oder vage Hinweise (wie «Man kann doch auch mal friedlich miteinander spielen») sind keine wirksamen Mittel, um streitende Geschwister aus ihrer körperlichen und emotionalen Verstrickung zu befreien – geschweige denn, ihnen dabei zu helfen, wie sie mit der Situation anders und besser umgehen können. Kein Wunder, dass der Streit weitergeht.

Bei seinem zweiten Schlichtungsversuch fordert der Vater die beiden auf, sich beim Spielen abzuwechseln. Eigentlich ein konstruktiver Vorschlag, den er allerdings nicht zielstrebig weiterverfolgt. Das Resultat ist: Das Streiten geht weiter. Nun versucht er es mit hartem Durchgreifen und nimmt den beiden das Spielzeug weg. Prompt ziehen beide Geschwister an einem Strang, versprechen, sich zu vertragen und überreden ihren Vater, das Spielzeug zurückzugeben. Das tut er auch, aber ohne vorher zu klären, wer von den beiden das Auto zuerst bekommen soll und mit welchen Konsequenzen sie rechnen müssen, wenn sie sich weiter zanken. Was ist die Folge? Der Streit geht weiter. Der Vater ist mit seinem Latein am Ende und zieht sich schimpfend zurück.

Machen Sie sich wie gewohnt zuerst Gedanken über das Verhalten des Vaters und darüber, was Katharina und Thomas aus dieser Situation lernen.

Reflexionsübung 21: «Wie verhält sich der Vater?», «Was lernen Katharina und Thomas?»

«Wie verhält sich der Vater?»

«Was lernen Katharina und Thomas?»

Fazit: Wie verhält sich der Vater?

(Vergleichen Sie hierzu auch die jeweils angegebenen Erziehungstipps auf den Seiten 163-167)

«Die beiden auffordern, dass sie sich einigen sollen.» Mit dieser Strategie will der Vater den Geschwisterstreit regeln. Dass sie erfolglos bleibt, liegt in erster Linie an seinem unsicheren, unklaren und nachgiebigen Verhalten:

- Er gibt unpräzise Anordnungen (Tipp 5).
- Er lässt sich unter moralischen Druck setzen.
- Er gibt sich mit schnellen Versprechungen zufrieden.
- Er trifft keine genauen Vereinbarungen (Tipp 9).
- Er lässt falsche Versprechungen ohne Konsequenzen durchgehen (Tipp 10).
- Er beschimpft seine Kinder aus Ärger über seinen Misserfolg (Tipp 6). Und:
- Er zieht sich letztlich unverrichteter Dinge zurück.

Fazit: Was Lernen die Kinder?

(Vergleichen Sie hierzu auch die jeweils angegebenen Erziehungstipps auf den Seiten 163-167)

Katharina und Thomas lernen,

- dass es ohne spürbare Konsequenzen bleibt, wenn man Anordnungen nicht befolgt oder Versprechungen nicht hält (Tipp 10);
- dass man sich in Konflikten am besten mit Gewalt, Streitereien und wechselseitigen Beschuldigungen durchsetzen kann;
- dass ihr Vater sie abwertet und ihnen nichts zutraut (Tipp 6);
- dass ihr Vater ihnen keine Hilfe ist, wenn sie ihn brauchen, um ein Problem zu lösen (Tipp 4); und
- dass ihr Vater am Ende entnervt seine erzieherischen Bemühungen aufgibt.

Variante B

«Darauf achten, dass keiner von beiden den Kürzeren zieht»

Notieren Sie Ihre Gedanken zu dieser Variante.

Reflexionsübung 22: «Was ist passiert?»

«Was ist passiert?»

Erläuterung: Was ist passiert?

Bevor der Vater die Szene betritt, sammelt er sich erst mal und besinnt sich auf sein weiteres Vorgehen. Mit ruhiger, aber fester Stimme fordert er die beiden auf, den Streit sofort zu beenden, nimmt Katharina das Auto aus der Hand und bringt beide dazu, sich hinzusetzen. Er stellt zu beiden Körperkontakt her und während er redet, schaut er Katharina und Thomas abwechselnd an. Die Folge ist: Die beiden Streithähne sind zunächst mal getrennt und ihr «Adrenalinspiegel» ist gesunken. Damit hat er die Grundlage für eine konstruktive Lösung des Problems geschaffen.

Der Vater überlässt es zunächst den Kindern, eine Lösung zu finden. Da dies nicht gelingt, bietet er selbst einen Lösungsvorschlag an. Dabei bedient er sich einer sehr wirksamen Methode – der Methode der «begrenzten Wahl» – und verbindet diese mit der Ankündigung einer Konsequenz für den Fall, dass der Streit weitergeht. Ruhig und bestimmt sagt er: «Entweder ihr findet eine Möglichkeit, wie ihr abwechselnd jeder mal zehn Minuten mit dem Auto spielen könnt oder ich sperr's für heute weg.» Beide entscheiden sich dafür, abwechselnd mit dem Auto zu spielen. Nun bleibt nur noch übrig, mit Münzwurf und Zeitkontrolle ein gerechtes Verfahren für das Abwechseln beim Spielen zu finden. Alle sind zufrieden und Katharina jagt als erste das Auto über den Fußboden. Was mit der Wohnungseinrichtung passiert, steht auf einem anderen Blatt ….

Denken Sie erst wieder selbst eine Weile über das Fazit dieser Handlungsalternative nach.

Reflexionsübung 23: «Wie verhält sich der Vater?», «Was lernen Katharina und Thomas?»

«Wie verhält sich der Vater?»

«Was lernen Katharina und Thomas?»

Fazit: Wie verhält sich der Vater?

(Vergleichen Sie hierzu auch die jeweils angegebenen Erziehungstipps auf den Seiten 163-167)

«Darauf achten, dass keiner von beiden den Kürzeren zieht», ist die Devise des Vaters, die er mit Erfolg auch umsetzt. Wie gelingt ihm das?

- Er bringt zunächst seine eigene Erregung unter Kontrolle (Tipp 3) und besinnt sich auf seine Erziehungsstrategie (Tipp 2).
- Er besteht klar und bestimmt darauf, dass der Streit sofort aufhört (Tipp 5)
- Er stellt Körper- und Augenkontakt zu den Kindern her.
- Er erkundigt sich nach eigenen Lösungsideen der Kinder und macht dann selbst einen Vorschlag (Tipp 8). Und:
- Er führt zusammen mit den Kindern ein gerechtes Verfahren zum Abwechseln beim Spielen ein.

Fazit: Was lernen die Kinder?

(Vergleichen Sie hierzu auch die jeweils angegebenen Erziehungstipps auf den Seiten 163-167)

Katharina und Thomas lernen,

- dass sie sich auf die Unterstützung ihres Vaters verlassen können;
- dass sie von ihrem Vater auch in Konfliktsituationen respektvoll behandelt werden (Tipp 6);
- dass sie Wahl- und Entscheidungsmöglichkeiten haben, für die sie selbst verantwortlich sind (Tipp 8);
- dass sie bekommen, was sie wollen, wenn auch unter bestimmten Bedingungen und Regeln; und
- dass es konstruktive Wege gibt, wie man Konflikte dieser oder ähnlicher Art lösen kann.

Variante C

«Die beiden Streithähne mit allen Mitteln auseinander bringen»

Wie würden Sie diese Situation interpretieren?

Reflexionsübung 24: «Was ist passiert?»

«Was ist passiert?» FREIHEIT IN GRENZEN

Erläuterung: Was ist passiert?

Der Vater fordert Thomas und Katharina auf, ihren Streit zu beenden. Ohne Erfolg. Daraufhin brüllt er sie an, sie sollen sofort mit dem «Rumschreien» aufhören, worauf ihm Katharina prompt antwortet: «Schreist ja selber!» Eine ziemliche Demütigung für den Vater, was nicht ohne Folgen bleibt. Er reißt Katharina das Auto aus der Hand und gibt es Thomas. Zwar ist Thomas der rechtmäßige Eigentümer des Autos – doch an dieser Stelle begeht der Vater einen Kardinalfehler. Er ergreift Partei und facht damit den Streit der Geschwister weiter an.

Diesmal wird er nicht nur lautstark sondern auch handgreiflich ausgetragen. Spätestens jetzt müsste der Vater handeln. Doch dazu bedarf es eines kühlen Kopfes. Und den hat er leider nicht. Im Gegenteil: Er beleidigt die beiden, nimmt ihnen das Spielzeug weg und droht ihnen mit Zimmerarrest. Dadurch provoziert er Thomas zu einer frechen Bemerkung, die wiederum den Vater zu einer Ohrfeige provoziert. Was vorher zwischen Bruder und Schwester abgelaufen ist, nämlich körperliche Gewalt, wiederholt sich nun zwischen Vater und Sohn. Für eine Weile sind alle drei ziemlich betroffen. Trotzdem: Der Vater besteht auf dem Zimmerarrest und provoziert damit erneut eine freche Bemerkung von Thomas. Daraufhin verhängt der Vater noch eine zusätzliche Strafe. Nun hat er sein Ziel erreicht: Die beiden Streithähne sind getrennt. Doch zu welchem Preis? Zurück bleiben zwei verärgerte und gedemütigte Kinder und ein aufgebrachter Vater, dem allmählich dämmert, dass er die Beziehung zu seinen Kindern beschädigt hat.

Nun sind Sie wieder an der Reihe, sich Gedanken zu machen.

Reflexionsübung 25: «Wie verhält sich der Vater?», «Was lernen Katharina und Thomas?»

«Wie verhält sich der Vater?»

«Was lernen Katharina und Thomas?»

Fazit: Wie verhält sich der Vater?

(Vergleichen Sie hierzu auch die jeweils angegebenen Erziehungstipps auf den Seiten 163-167)

«Die beiden Streithähne mit allen Mitteln auseinander bringen» ist das erklärte Ziel des Vaters. Das hat er erreicht. Doch sein Erfolg ist mehr als fragwürdig. Denn durch sein autoritäres Verhalten belastet er die Beziehung zu seinen Kindern erheblich – und zwar vor allem durch folgende Verhaltensweisen:

- Es gelingt ihm nicht, seinen Ärger unter Kontrolle zu bringen (Tipp 3).
- Er spricht mit seinen Kindern in einem aggressiven Ton.
- Er beleidigt und erniedrigt sie (Tipp 6).
- Er heizt durch sein eigenes Verhalten den Streit zwischen seinen Kindern an. Und:
- Weil er selbst in der «Eskalationsspirale» gefangen ist, reagiert er mit körperlicher Gewalt und massiven Strafen (Tipp 6).

Fazit: Was lernen die Kinder?

(Vergleichen Sie hierzu auch die jeweils angegebenen Erziehungstipps auf den Seiten 163-167)

Katharina und Thomas machen die Erfahrung,

- dass Konflikte mit verbalen Attacken und körperlicher Gewalt geregelt werden (Tipp 6);
- dass Konflikte mit verletzten Gefühlen einhergehen;
- dass sie gedemütigt werden und sich autoritärem Zwang fügen müssen; und
- dass sie bei ihren Problemen keine hilfreiche Unterstützung (Tipp 4), keine faire Behandlung und keinen Respekt erwarten können (Tipp 6).

6.4 Supermarkt oder «Kann ich das haben?»

Ausgangssituation

Gemeinsam ziehen die Mutter und Katharina mit dem Einkaufswagen durch den Supermarkt. Katharina hilft beim Einkaufen. Als sie einen Beutel mit Süßigkeiten haben will, erklärt ihre Mutter, dass es zu Hause noch Süßigkeiten gibt und dass sie erst zu Hause etwas davon haben kann. Katharina willigt ein und trägt den Beutel zurück. Doch als ihre Mutter für eine Weile abgelenkt ist, versteckt sie unbeobachtet eine Tafel Schokolade im Einkaufswagen. Beim Ausladen des Einkaufwagens entdeckt die Mutter den Schmuggelversuch.

«Was würden Sie als Nächstes machen, wenn Sie an der Stelle der Mutter wären?»

Notieren Sie sich auch zu dieser Erziehungssituation ein paar Gedanken zu dieser Ausgangssituation, und überlegen Sie im Anschluss, wie Sie selbst reagieren würden, bevor Sie sich eine der drei Möglichkeiten – die Varianten A, B und C – ansehen.

Reflexionsübung 26: «Was habe ich wahrgenommen?», «Wie würde ich jetzt spontan reagieren?»

«Was habe ich wahrgenommen?»

«Wie würde ich jetzt spontan reagieren?»

Variante A

«Katharina eine Entscheidung abverlangen»

Auch bei dieser Szenerie laden wir Sie dazu ein, zunächst selbst zu überlegen, was passiert ist, wie sich die Mutter verhalten hat, und was Katharina aus dieser Situation lernt.

Reflexionsübung 27: «Was ist passiert?»

«Was ist passiert?»

Erläuterung: Was ist passiert?

Die Mutter entdeckt die versteckte Schokolade und erinnert Katharina an ihre Abmachung. Trotzdem bringt Katharina das beliebte Argument ins Spiel, dass andere Kinder immer alles bekommen, nur sie nicht. Ohne Erfolg. Die Mutter besteht auf der Abmachung, bekommt nun aber Druck von mehreren Seiten. Zuerst von Katharina, die sie vor der versammelten Kundschaft als «gemein» hinstellt. Dann vom Kassierer, der von ihr eine Kaufentscheidung will. Die Mutter lässt sich dadurch nicht aus der Ruhe bringen. Geschickt überlässt sie Katharina die Wahl, ob sie die Schokolade von ihrem Taschengeld kaufen will oder nicht. Katharina geht der Entscheidung aus dem Weg und beklagt sich erneut, dass sie immer zu kurz kommt. Nun wird die Mutter zum dritten Mal unter Druck gesetzt: diesmal von einer älteren Kundin, die sie bedrängt, Katharinas Wunsch doch zu erfüllen. Freundlich, aber bestimmt wehrt die Mutter die Einmischung von außen ab und fragt Katharina noch einmal, ob sie die Schokolade kaufen will oder nicht. Als Katharina verneint, legt die Mutter die Schokolade zurück und wendet sich dem Bezahlen zu.

Katharina gibt jedoch nicht auf. Erneut greift sie nach der Schokolade und hält sie fest vor ihrer Brust. Gespannt schauen der Kassierer und die übrige Kundschaft zu, was nun passieren wird. Einen Moment lang überlegt die Mutter. Dann kommt ihr eine Idee – eine ungewöhnliche Idee. Genau wie Katharina es mit der Schokolade tut, presst sie ihre Geldtasche fest an die Brust und spiegelt damit Katharinas Widerstand. Dann wird sie noch um einiges drastischer und macht etwas, wozu eine Menge Mut gehört. Wie ein trotziges kleines Kind setzt sie sich mit immer noch verschränkten Armen auf den Boden. Peinlich berührt legt Katharina die Schokolade zurück und hilft ihrer Mutter wieder auf die Beine. Das Schokoladenthema ist vergessen. Vergnügt packen die beiden ein, was sie einkauft haben. Schokolade ist nicht dabei.

Bevor Sie sich nun die Fazits zu diesem Lösungsszenario ansehen, notieren Sie sich auch hier erst Ihre eigenen Gedanken auf dem Reflexionsbogen.

Reflexionsübung 28: «Wie verhält sich die Mutter?», «Was lernt Katharina?»

«Wie verhält sich die Mutter?»

«Was lernt Katharina?»

Fazit: Wie verhält sich die Mutter

(Vergleichen Sie hierzu auch die jeweils angegebenen Erziehungstipps auf den Seiten 163-167)

«Katharina eine Entscheidung abverlangen» ist das Motto der Mutter. Damit will sie ihrer Tochter die Möglichkeit einer Wahl geben, falls sie sich nicht an die zuvor getroffene Vereinbarung hält. Der Weg dahin ist gepflastert mit Widerständen und verlangt viel Geduld und Geschick. Wie geht sie dabei vor?

- Sie bleibt die ganze Zeit über selbstbewusst und gelassen (Tipp 11).
- Sie erinnert Katharina an die Abmachung und lässt sich auch durch starken Druck und Einmischungsversuche anderer nicht davon abbringen (Tipp 9).
- Sie gibt Katharina die Möglichkeit, sich ihren Wunsch zu erfüllen – allerdings nur unter Einsatz ihres Taschengelds (Tipp 8).
- Sie greift zu unkonventionellen Mitteln, um Katharinas anhaltenden Widerstand zu spiegeln und löst ihn damit tatsächlich auf.

Fazit: Was lernt Katharina?

(Vergleichen Sie hierzu auch die jeweils angegebenen Erziehungstipps auf den Seiten 163-167)

Katharina lernt,

- dass sie Vereinbarungen mit ihrer Mutter ernst nehmen muss (Tipp 9);
- dass sie trotzdem Wahlmöglichkeiten hat – auch wenn sie schmerzhaft sind (Tipp 8);
- dass die gute Beziehung zu ihrer Mutter auch bei Konflikten bestehen bleibt (Tipp 1);
- dass ihre Mutter selbst unter massivem Druck gelassen bleibt und sich klar gegen Einmischungen von außen abgrenzt; und
- dass ihre Mutter kreativ ist und eine Menge Zivilcourage hat.

Variante B

«Katharina zum Einlenken bringen»

Was ist Ihnen in dieser Situation besonders aufgefallen?

Reflexionsübung 29: «Was ist passiert?»

«Was ist passiert?»

Erläuterung: Was ist passiert?

Die Mutter entdeckt, dass Katharina sie mit der versteckten Schokolade hinters Licht geführt hat und macht deutlich, dass ein Kauf nicht in Frage kommt. Weil sie aber meint, man müsse Kindern möglichst alles erklären, fängt sie an, ihr Verhalten zu begründen und stellt sich dabei selbst eine Falle: Statt Katharina kurz an die Vereinbarung zu erinnern, dass es Süßigkeiten erst zu Hause gibt, baut sie auf Katharinas Einsicht und gibt ihr zu bedenken, dass sie ja am Morgen bereits Schokolade gehabt hat. Katharina zeigt zwar keine Einsicht, dafür aber umso mehr Lust, mit ihrer Mutter über das Für und Wider von Schokolade zu diskutieren. Dabei versteht sie clever, ihre Interessen zu verteidigen. Zuerst entkräftet sie das Frühstücksschokoladen-Argument ihrer Mutter. Dann kontert sie souverän den Einwand, dass Schokolade schlecht für die Zähne ist. Jeder Zahnarzt hätte seine Freude dran. Die Mutter nicht. Sie erkennt, dass sie so nicht weiter kommt und legt die Schokoladentafel zurück. Allerdings ohne mit Katharinas Hartnäckigkeit zu rechnen.

Katharina versucht nun, auf andere Weise zu ihrem Ziel zu kommen. Sie holt die Schokolade zurück und beschimpft ihre Mutter vor der versammelten Kundschaft als «gemein». Das kann die Mutter nicht auf sich sitzen lassen und nimmt Katharina energisch die Schokolade wieder ab. Der Kassierer hat es eilig und macht Druck. Druck macht auch eine ältere Kundin, wenn auch auf eine andere Weise: Einfühlsam erkundigt sie sich nach Katharinas Vorliebe für Schokolade. Für Katharina ein Signal, sich noch nicht geschlagen zu geben. Zur Abwechslung versucht sie es diesmal auf die sanfte Tour. Mit einschmeichelnder Stimme bittet sie um eine Ausnahme – nur für heute – und erinnert ihre Mutter daran, wie gern sie selbst Schokolade gegessen hat, als sie noch klein war. Unterstützung bekommt sie dabei vom Kassierer, der die Schokolade als Sonderangebot anpreist. Jetzt ist der Widerstand der Mutter gebrochen. Sie fügt sich. Aber «nur heute» und «ausnahmsweise», wie sie betont. Mit säuerlicher Mine muss sie zuschauen, wie Katharina die Verpackung aufreißt und mit einem kräftigen Biss in die Schokolade ihren Sieg feiert.

Machen Sie sich erneut erst Notizen zu dieser Variante.

Reflexionsübung 30: «Wie verhält sich die Mutter?», «Was lernt Katharina?»

«Wie verhält sich die Mutter?»

«Was lernt Katharina?»

Fazit: Wie verhält sich die Mutter?

(Vergleichen Sie hierzu auch die jeweils angegebenen Erziehungstipps auf den Seiten 163-167)

«Katharina zum Einlenken bringen», ist die Absicht der Mutter. Das Ergebnis ist genau umgekehrt: Nicht die Mutter bringt Katharina, sondern Katharina bringt ihre Mutter zum Einlenken. Woran liegt das? Der wichtigste Punkt ist, dass sie selbst ihre Vereinbarung mit Katharina nicht durchhält (Tipp 9). Statt auf der Abmachung zu bestehen, lässt sie sich

- auf unnötige Erklärungen und Diskussionen ein (Tipp 5);
- sie lässt sich von Katharina in die Defensive drängen; und
- durch die äußeren Umstände unter Druck setzen.

Fazit: Was lernt Katharina?

(Vergleichen Sie hierzu auch die jeweils angegebenen Erziehungstipps auf den Seiten 163-167)

Katharina lernt vor allem,

- dass mündliche Vereinbarungen mit ihrer Mutter nicht wirklich ernst zu nehmen sind (Tipp 9);
- dass sie mit einer Mischung aus Raffinesse, Druck und Überredungskunst ihre Mutter von ihrem ursprünglichen Vorhaben abbringen kann (Tipp 2);
- dass sie dabei auch Schützenhilfe von anderen bekommt; und
- dass ihre Bedürfnisse sofort befriedigt werden, wenn sie nur hartnäckig genug ist.

Variante C

«Katharina gegenüber hart bleiben»

Was denken Sie über diese Handlungsalternative der Mutter?

Reflexionsübung 31: «Was ist passiert?»

«Was ist passiert?»

Erläuterung: Was ist passiert?

Die Mutter entdeckt Katharinas Schmuggelversuch und weist sie ärgerlich zurecht. Es kommt zu einem kurzen, aber heftigen verbalen Schlagabtausch, bei dem Katharina ihre Mutter beschimpft und ihr vorhält, dass es andere Kinder besser haben. «Die anderen dürfen immer alles» ist ein bei Kindern beliebtes Druckmittel, um ihre Eltern umzustimmen. Katharinas Mutter lässt sich allerdings nicht davon beeindrucken. Sie schmettert Katharinas Argument mit der Binsenweisheit ab, dass man im Leben nicht alles haben kann, und droht ihr, sie nie wieder zum Einkaufen mit zu nehmen. Trotzig ignoriert Katharina die Aufforderung, die Schokolade zurück zu legen und wird dafür noch einmal hart in die Schranken gewiesen. Nun legt die Mutter die Schokolade selbst zurück. Sie glaubt, die Sache sei damit geklärt und macht sich ans Bezahlen. Mit Katharinas Widerstand rechnet sie nicht.

Während des Zahlens bemerkt die Mutter, dass Katharina die Schokolade wieder an sich genommen hat und sie fest an ihre Brust presst. Das ist zuviel für sie. Wütend entreißt sie ihr die Schokolade, packt Katharina unsanft und überschüttet sie mit einem Schwall von Drohungen. Katharina wird dabei immer trotziger. Sie hält sich zunächst am Warenband fest, klammert sich dann an den Einkaufswagen und wird von ihrer Mutter gewaltsam aus dem Kassenbereich gezerrt.

Ihr gemeinsamer Einkauf, der zunächst ganz harmonisch begonnen hat, ist gründlich missglückt.

Nun haben wieder Sie die Gelegenheit, selbst aktiv zu werden.

Reflexionsübung 32: «Wie verhält sich die Mutter?», «Was lernt Katharina?»

«Wie verhält sich die Mutter?»

«Was lernt Katharina?»

Fazit: Wie verhält sich die Mutter?

(Vergleichen Sie hierzu auch die jeweils angegebenen Erziehungstipps auf den Seiten 163-167)

«Katharina gegenüber hart bleiben» ist das Prinzip der Mutter, um Katharinas Täuschungsversuch nicht durchgehen zu lassen. Das erzwingt sie zwar mit aller Entschiedenheit, doch auf Kosten einer guten Beziehung zu Katharina (Tipp 1). Auffallend ist dabei,

- dass sie ihren Ärger über Katharinas Verhalten nicht unter Kontrolle bringt (Tipp 3);
- dass sie die ganze Zeit über in einem gereizten Ton spricht und damit Katharinas Widerstand immer mehr erhöht;
- dass sie starr bei ihrer harten Linie bleibt (Tipp 9);
- dass sie Katharina mit massiven Konsequenzen für ihr Verhalten droht (Tipp 6); und
- dass sie schließlich gewaltsam Katharinas Widerstand bricht.

Fazit: Was lernt Katharina?

(Vergleichen Sie hierzu auch die jeweils angegebenen Erziehungstipps auf den Seiten 163-167)

Katharina lernt, dass ihre Mutter

- sie abweisend behandelt (Tipp 1);
- von ihr unbedingten Gehorsam verlangt;
- sie mit massiven Drohungen einschüchtert; und
- sich letztlich mit Gewalt durchsetzt (Tipp 6).

6.5
Hausaufgaben oder «Ich kann das nicht!»

Ausgangssituation

Die Mutter und Thomas sitzen beim Mittagessen. Thomas steht auf und kündigt an, dass er zur Geburtstagsparty seines Freundes Marc geht. Auf die Frage seiner Mutter nach den Hausaufgaben, antwortet er, dass er sie später machen will. Die Mutter stoppt ihn und erinnert ihn an ihre Abmachung: «Erst die Arbeit, dann das Vergnügen». Lustlos trottet Thomas mit seiner Schultasche ins Wohnzimmer. Statt sich seinen Hausaufgaben zu widmen, übt er sich in einem Computerspiel als Autorennfahrer. Von der Küche aus vernimmt die Mutter ungewöhnliche Geräusche aus dem Wohnzimmer. Sie schaut nach und stellt fest, dass Thomas fasziniert vor seinem Computerspiel sitzt.

«Was würden Sie als Nächstes machen, wenn Sie an der Stelle der Mutter wären?»

Analog zu den anderen Szenarien laden wir Sie auch diesmal dazu ein, sich zunächst ein paar eigene Gedanken zu dieser Ausgangssituation zu notieren und sich zu überlegen, wie Sie selbst reagieren würden, bevor Sie sich eine der drei Möglichkeiten – die Varianten A, B und C – ansehen.

Reflexionsübung 33: «Was habe ich wahrgenommen?», «Wie würde ich jetzt spontan reagieren?»

«Was habe ich wahrgenommen?»

«Wie würde ich jetzt spontan reagieren?»

Variante A

«Thomas bei seinen Hausaufgaben helfen»

Entsprechend der Vorgehensweise bei den anderen Szenarien möchten wir Sie auch an dieser Stelle dazu auffordern, die einzelnen Lösungsvarianten vor dem Weiterlesen, bzw. Ansehen der Kommentare für sich selbst zu durchdenken und eventuell mit einer anderen Person zu diskutieren.

Reflexionsübung 34: «Was ist passiert?»

«Was ist passiert?»

Erläuterung: Was ist passiert?

Eigentlich soll Thomas Hausaufgaben machen. Stattdessen sitzt er fasziniert vor dem Bildschirm und jagt Rennwagen über die Piste. Seine Mutter setzt sich neben den Fernseher und beobachtet ihn eine Weile. «Wolltest du nicht zu Marc gehen?» fragt sie ruhig und stellt dabei das Gerät ab. Thomas weiß sofort, was die Frage bedeutet, und will sich davon machen. Seine Mutter hält ihn jedoch am Arm fest und erinnert ihn an ihre Abmachung – «Erst die Arbeit, dann das Vergnügen». Obwohl sie Verständnis dafür hat, dass er zu Marcs Geburtstagsfete will, bleibt sie bei der Regel. Für die Mutter ein bestandener Test in Sachen Grenzensetzen. Sie macht Thomas aber auch ein Angebot. Zunächst schlägt sie ihm vor, schnell seine Aufgaben zu erledigen und Marc zu sagen, dass er ein bisschen später kommt. Dann signalisiert sie ihm, dass die Regel kein starres Gesetz ist und dass sie am Abend über mögliche Ausnahmen verhandeln können. Thomas ist nicht gerade begeistert, aber er nimmt das Angebot an und informiert Marc, wann er kommt. Seine Mutter quittiert es mit einem Lächeln.

Missmutig kommt Thomas in die Küche und beklagt sich, dass er mit der Aufgabe nicht zu Rande kommt. Seine Mutter ist zwar beschäftigt, verspricht ihm aber trotzdem Hilfe und hört aufmerksam zu, als er ihr die Aufgabe vorliest. Sie schlägt Thomas vor, erst einmal im Sprachbuch die Regel zum Thema Doppel s und scharfes s nachzulesen. Dann fordert sie ihn auf, selbst ein paar passende Wörter zu finden. Bisher hat Thomas willig mitgezogen. Jetzt aber wird es ihm zuviel. «Mama, muss das sein» jammert er. Geschickt greift sie seine Bemerkung auf und verbindet sie mit der Deutschaufgabe: Am Wörtchen «muss» klären die beiden gemeinsam die Regel mit dem kurzen und dem langen Vokal. Weil aber in der Hausaufgabe nach Hauptwörtern gefragt wird, macht die Mutter Thomas den Vorschlag, sich in der Küche umzuschauen und nach Beispielen zu suchen. Schnell findet er auf einer Verpackung ein Wort mit einem scharfen s. Ebenso schnell wird aus dem Ganzen ein lebendiges Spiel, an dem beide ihren Spaß haben. Die Stimmung ist gut und im Nu hat Thomas die Lösungen ins Heft geschrieben. Die Mutter verabschiedet ihn mit einem Kuss – Kuss mit Doppel s, oder?

Nun möchten wir Ihnen wieder die Gelegenheit geben, zunächst selbst über die Geschehnisse nachzudenken und sich auf dem Reflexionsbogen Notizen zu machen.

Reflexionsübung 35: «Wie verhält sich die Mutter?», «Was lernt Thomas?»

«Wie verhält sich die Mutter?»

«Was lernt Thomas?»

Fazit: Wie verhält sich die Mutter?

(Vergleichen Sie hierzu auch die jeweils angegebenen Erziehungstipps auf den Seiten 163–167)

«Thomas bei seinen Hausaufgaben helfen» ist die Devise der Mutter. Für sie heißt «helfen» nicht etwa, Thomas die Hausaufgaben ins Heft zu diktieren. «Helfen» heißt für sie vielmehr, ihn dabei zu unterstützen, dass er sie mit Verstand und vielleicht sogar mit ein wenig Spaß selber machen kann. Keine leichte Aufgabe, zumal sie vorher noch eine andere zu lösen hat: Sie muss Thomas nämlich klar machen, dass Regeln nicht einfach einseitig aufgekündigt werden können (Tipp 9). Wie geht sie dabei vor?

Ruhig und bestimmt, zugleich aber auch freundlich hält sie an der Abmachung fest und setzt ihm damit Grenzen, die er – wenn auch nicht gerade enthusiastisch – akzeptieren kann. Das gelingt ihr,

- weil sie Thomas einen Weg zeigt, wie er seinen Konflikt zwischen Hausaufgaben und Geburtstagsparty lösen kann;
- weil sie es ihm selbst überlässt, mit Marc eine Uhrzeit zu verabreden (Tipp 8); und
- weil sie ihm anbietet, später über mögliche Ausnahmen von der Regel zu sprechen (Tipp 9).

Es geht aber nicht nur um Grenzensetzen, sondern auch darum, dass Thomas bei seiner schwierigen Deutschaufgabe Hilfe braucht. Auch das schafft sie. Aber wie?

- Sie sichert Thomas spontan ihre Unterstützung zu (Tipp 4).
- Sie lässt ihn selbst wichtige Voraussetzungen für die Lösung finden (Tipp 8). Und:
- Sie trägt mit ihm gemeinsam in einer spielerischen Weise die Lösungen zusammen.

Fazit: Was lernt Thomas?

(Vergleichen Sie hierzu auch die jeweils angegebenen Erziehungstipps auf den Seiten 163–167)

Thomas lernt,

- dass seine Mutter es wirklich Ernst meint mit den Abmachungen, die zwischen ihnen bestehen (Tipp 9);
- dass seine Mutter ihn auch dann respektvoll behandelt, wenn er etwas tut, womit sie nicht einverstanden ist (Tipp 6);
- dass sie verständnisvoll und prinzipiell verhandlungsbereit ist;
- dass er sich auch in schwierigen Situationen auf ihre Hilfe verlassen kann (Tipp 4);

- dass sie ihm selbst entscheiden und Lösungen finden lässt (Tipp 8); und
- dass Hausaufgaben manchmal sogar Spaß machen können (Tipp 1). – Wer hätte das gedacht.

Variante B

«Darauf bestehen, dass Thomas seine Hausaufgaben sofort macht»

Wiederum möchten wir Ihnen die Gelegenheit geben, selbst aktiv zu werden.

Reflexionsübung 36: «Was ist passiert?»

«Was ist passiert?»

Erläuterung: Was ist passiert?

Gefangen von seinem Computerspiel sitzt Thomas vor dem Bildschirm. Von Hausaufgaben keine Spur. Zornig kommt seine Mutter ins Zimmer, fordert ihn auf, sofort mit dem Spiel aufzuhören, und erinnert ihn mit scharfer Stimme daran, was Sache ist: «Erst die Arbeit, dann das Vergnügen». Thomas spielt weiter. Nun unterbricht seine Mutter energisch das Spiel und zwingt ihn dazu, seine Hausaufgaben zu machen. Und zwar sofort. Frustriert lässt Thomas durchblicken, dass er mit den Aufgaben nicht klar kommt und bittet sie damit indirekt um Hilfe. Doch die Mutter geht nicht darauf ein. Stattdessen behauptet sie, die Aufgabe sei kinderleicht, und beschuldigt ihn, dass er in der Schule nicht aufgepasst hat. Sie verlangt von ihm, so lange am Tisch sitzen zu bleiben, bis er seine Arbeit erledigt hat. Dann zieht sie sich zurück und lässt ihn mit seinen Problemen allein. Ärgerlich wischt er den Stift vom Tisch, verfällt dann langsam ins Tagträumen und lässt schließlich resigniert den Kopf auf das Schulheft sinken.

Abrupt wird Thomas von seiner Mutter in die Wirklichkeit zurückgeholt. Er bekennt nun ganz offen, dass er mit der Aufgabe nicht zurecht kommt. Statt ihm Unterstützung anzubieten, verweist ihn die Mutter auf das Sprachbuch und bombardiert ihn mit Vorwürfen. Dass er faul ist und dass er so nie aufs Gymnasium kommt, muss er sich anhören. Als das Telefon klingelt, nimmt die Mutter den Anruf entgegen. Am anderen Ende der Leitung ist Marc, der wissen will, wann Thomas kommt. «Erst muss er seine Hausaufgaben fertig machen», antwortet sie und gibt Thomas keine Chance, selbst mit Marc zu sprechen. Vor seinem Freund steht er da wie ein kleiner Junge, der nichts zu sagen hat – eine handfeste Demütigung. Gekränkt beklagt er sich, dass er nicht wie alle anderen auf die Party gehen darf. «Erst die Arbeit, dann das Vergnügen» ist die unerbittliche Antwort seiner Mutter darauf. Sie schlägt sein Aufgabenheft auf und verlässt erneut das Zimmer, ohne sich weiter um ihn zu kümmern. Zurück bleibt ein unglücklicher Thomas, der immer noch nicht weiß, wie er mit seinen Hausaufgaben zurecht kommen soll.

Überlegen Sie sich zuerst selbst die wichtigsten Punkte dieser Handlungsalternative.

Reflexionsübung 37: «Wie verhält sich die Mutter?», «Was lernt Thomas?»

«Wie verhält sich die Mutter?»

«Was lernt Thomas?»

Fazit: Wie verhält sich die Mutter?

(Vergleichen Sie hierzu auch die jeweils angegebenen Erziehungstipps auf den Seiten 163-167)

«Darauf bestehen, dass Thomas seine Hausaufgaben sofort macht» ist das Erziehungsprogramm der Mutter. So will sie die Maxime «Erst die Arbeit, dann das Vergnügen» durchsetzen. Dabei tut sie alles, um Thomas zur Arbeit zu zwingen, aber nichts, um ihm bei seinen Aufgaben zu helfen. Wie zeigt sich das in ihrem Verhalten?

- Sie ist von Anfang an abweisend und spricht mit Thomas in einem strengen Ton (Tipp 1).
- Sie ignoriert völlig, dass Thomas wegen seiner Hausaufgabenprobleme Hilfe braucht (Tipp 4).
- Sie beschuldigt Thomas und traut ihm nichts zu (Tipp 6). Und:
- Sie bevormundet und demütigt ihn – auch vor seinem Freund.

Fazit: Was lernt Thomas?

(Vergleichen Sie hierzu auch die jeweils angegebenen Erziehungstipps auf den Seiten 163-167)

Thomas lernt,

- dass er von seiner Mutter kein Verständnis dafür erwarten kann, wie ihm innerlich zumute ist (Tipp 4);
- dass die Mutter ihm bei seinem Problem jegliche Unterstützung versagt (Tipp 4);
- dass er von ihr lieblos behandelt wird (Tipp 1);
- dass er in ihren Augen ein Versager ist (Tipp 6);
- dass seine Mutter kompromisslos an einer einmal getroffenen Abmachung festhält (Tipp 9);
- dass sie ihm keine Gelegenheit gibt, Dinge zu regeln, die er selbst regeln möchte (Tipp 8); und
- dass sie ihn mit ihrer Gängelei außerdem noch bei seinem Freund bloßstellt.

Die Regel «Erst die Arbeit, dann das Vergnügen» ist für Thomas zu einem unverrückbaren Gesetz geworden. Wann er zu seinem Vergnügen kommt, bleibt ungewiss.

Variante C

«Thomas ermahnen, seine Hausaufgaben zu machen»

Auch diese Variante lädt dazu ein, sich erst einmal ein paar Gedanken zu machen.

Reflexionsübung 38: «Was ist passiert?»

«Was ist passiert?»

Erläuterung: Was ist passiert?

Statt seine Hausaufgaben zu erledigen, vertieft sich Thomas in ein rasantes Autorennen. Als seine Mutter nach den Aufgaben fragt, bekennt er, dass er damit Probleme hat. Ein versteckter Hilfeappell, auf den sie jedoch nicht eingeht. Stattdessen fordert sie Thomas auf, die Playstation abzuschalten und sich mehr anzustrengen. Ungerührt spielt er weiter und vertröstet sie auf später. Nun klingelt das Telefon. Während Thomas den Anruf entgegen nimmt, verlässt seine Mutter das Zimmer. Kaum hat er das Telefonat beendet, zieht es ihn zur Geburtstagsparty seines Freundes Marc. Er hat es eilig. Während er an der Küche vorbeispurtet, erkundigt sich seine Mutter noch einmal nach seinen Hausaufgaben und noch einmal wird sie von ihm auf später vertröstet. Diesmal mit dem Hinweis, dass er sie mit Marc machen will. Und schon ist er auf und davon. Hausaufgaben auf einer Geburtstagsparty? Daran glaubt er doch wohl selber nicht! Überrumpelt von der Schnelligkeit, mit der Thomas sich aus dem Staub gemacht hat, schaut ihm seine Mutter hinterher. Von wegen «Erst die Arbeit, dann das Vergnügen». Ohne großen Widerstand hat Thomas diese Regel zu seinen Gunsten umgekehrt. «Zuerst das Vergnügen, dann die Arbeit» heißt es nun – nicht ohne Auswirkungen auf die Mutter.

Marcs Geburtstagsfeier ließ natürlich keine Zeit für Hausaufgaben. Nun sitzen Mutter und Sohn spät abends am Esstisch und kämpfen mit den neuen Rechtschreibregeln. Thomas beklagt sich über den Lehrer und seine Mutter stimmt ihm zu. Sie kennt sich nämlich auch nicht aus mit der Unterscheidung von Doppel s und scharfem s. Verunsichert diktiert sie Thomas eine Lösung ins Heft, die sie gleich darauf wieder korrigiert. Die Wahrscheinlichkeit, dass die Lösung der Mutter richtig ist, ist fünfzig zu fünfzig. Für die Schule hat Thomas also trotz der Hilfe seiner Mutter nichts gelernt. Für zu Hause schon. Vor allem eines: dass er eine Regel wie «Erst die Arbeit, dann das Vergnügen» kippen kann – und zwar ohne unangenehme Konsequenzen für ihn.

Noch einmal legen wir Ihnen zunächst nahe, sich Gedanken zu den Fazits dieser Situation zu machen.

Reflexionsübung 39: «Wie verhält sich die Mutter?», «Was lernt Thomas?»

«Wie verhält sich die Mutter?»

«Was lernt Thomas?»

Fazit: Wie verhält sich die Mutter?

(Vergleichen Sie hierzu auch die jeweils angegebenen Erziehungstipps auf den Seiten 163-167)

«Thomas ermahnen, seine Hausaufgaben zu machen.» Das muss doch ausreichen – so glaubt die Mutter – damit Thomas sich daran hält, dass erst die Arbeit und dann das Vergnügen kommt. Doch da irrt sie sich gewaltig. Regeln festlegen (Tipp 8) ist eine Sache, sie einhalten eine andere (Tipp 9). Insbesondere dann, wenn – wie bei Thomas – die Abneigung gegen eine zu schwere Hausaufgabe mit der Attraktion einer Geburtstagsparty zusammenfällt. Dass Thomas sich erfolgreich der Abmachung entziehen kann, liegt vor allem am Verhalten seiner Mutter:

- Sie ignoriert gleich zu Beginn sein hilfloses «Ich kann das nicht» und lässt ihn mit seinem Problem allein (Tipp 4).
- Sie lässt sich durch seine Verzögerungstaktik hinhalten. Und:
- Sie lässt sich durch sein schnelles Handeln von ihm überrumpeln.

Damit nicht genug: Zu später Stunde diktiert sie ihm auch noch die Lösungen für die Hausaufgabe. Mit anderen Worten: Thomas ist für die Verletzung einer Regel nicht etwa belangt, sondern sogar noch belohnt worden (Tipp 10).

Fazit: Was lernt Thomas?

(Vergleichen Sie hierzu auch die jeweils angegebenen Erziehungstipps auf den Seiten 163-167)

Thomas lernt vor allem,

- dass seine Mutter auf seinen deutlichen Hilferuf nicht eingeht (Tipp 4);
- dass er eine Regel wie «Zuerst die Arbeit, dann das Vergnügen» mit ein paar Vertröstungen und Ausflüchten leicht außer Kraft setzen kann (Tipp 9);
- dass er dabei keineswegs mit unangenehmen Konsequenzen rechnen muss (Tipp 10); und
- dass er trotz Missachtung der Regel sogar noch einen Vorteil für sich herausschlagen kann.

7 Der rote Faden: Vom Verhalten zum Erziehungsstil

Fünf unterschiedliche Erziehungssituationen mit jeweils drei Lösungsvarianten werden auf dieser DVD dargestellt. Die Art und Weise, wie die Eltern das jeweilige Erziehungsproblem lösen, ist typisch für einen bestimmten *Erziehungsstil*, der sich wie ein roter Faden durch die fünf Szenarien zieht. Genau genommen gibt es drei Erziehungsstile, die sich aus drei *Erziehungsprinzipien* ableiten lassen.

- Das Prinzip «Freiheit ohne Grenzen». Wo dieses Prinzip herrscht, können Kinder weitgehend tun und lassen, was sie wollen, ohne dass ihre Eltern sie daran hindern. In vielen Fällen ist das darauf zurück zu führen, dass sie sich ihren Kindern gegenüber nicht durchsetzen können. Zum Beispiel in der Supermarktszene: Die Mutter gibt dabei dem Druck von allen Seiten nach und kauft Katharina entgegen ihrer vorherigen Absprache doch die Schokolade. Oder in der Aufräumszene: Hier lässt der Vater letztlich entnervt von seiner Forderung ab, dass die Kinder ihr Zimmer in Ordnung bringen sollen.
- Das Prinzip «Grenzen ohne Freiheit». Gemeint ist damit, dass die Eltern in einer stark einschränkenden und strafenden Weise auf das Verhalten und die Entwicklung ihrer Kinder Einfluss nehmen. Zum Beispiel in der Geschwisterstreitszene: Der Vater reagiert nicht nur verbal aggressiv, sondern sogar mit körperlicher Gewalt. Oder in der Hausaufgabenszene: Die Mutter besteht unnachgiebig auf einer Regel, ohne im Geringsten auf das Problem von Thomas einzugehen.
- Und schließlich das Prinzip «Freiheit in Grenzen». Mit der besonderen Mischung seiner drei Merkmale «elterliche Wertschätzung», «Fordern und Grenzensetzen» und «Gewähren von Eigenständigkeit» trägt es am ehesten dazu bei, dass sich Kinder in einer positiven Weise entwickeln können. Die Effekte dieses Erziehungsprinzips zeigen sich in den entsprechenden Lösungsalternativen aller fünf Erziehungsszenarien. Zum Beispiel in der Unpünktlichkeitsszene: Hier bringt der Vater seinem Sohn freundlich, aber bestimmt bei, wie man pünktlich sein kann. Oder in der Aufräumszene: Hier gelingt es beiden Eltern, die Kinder zu motivieren, das Chaos in ihren Zimmern zu beseitigen.

Je deutlicher der *rote Faden* erkennbar wird, d. h. je häufiger ein bestimmtes Erziehungsprinzip in unterschiedlichen Situationen zum Tragen kommt, desto stärker wird sich das verfestigen, was die Kinder dabei lernen.

Für das Prinzip «Freiheit ohne Grenzen» heißt das beispielsweise: Die Kinder lernen immer besser, mit welchen Strategien sie sich gegen ihre Eltern durchsetzen und wie sie ihre unmittelbaren Bedürfnisse befriedigen können. Inwieweit sie damit auch außerhalb der Familie Erfolg haben, hängt allerdings davon ab, ob sie z. B. in der Schule oder bei ihren Freunden ebenso viel Nachgiebigkeit antreffen wie bei ihren Eltern.

Wenn Kinder nach dem Erziehungsprinzip «Grenzen ohne Freiheit» aufwachsen, bedeutet dies: Es erhöht sich die Gefahr, dass sie sich auf Dauer eingeschüchtert und passiv verhalten oder aber – ähnlich wie ihre Eltern – ihre Bedürfnisse auf aggressive Weise durchsetzen. Ob sich solche Verhaltensweisen verfestigen, hängt auch hier wesentlich davon ab, wie andere Menschen außerhalb der Familie darauf reagieren.

Für Kinder, die dauerhaft eine Erziehung nach dem Prinzip «Freiheit in Grenzen» genießen, hat das zur Folge: Sie lernen in ihrer Familie neben respektvollem Umgang miteinander vor allem, dass sie – wenn auch innerhalb bestimmter Grenzen – viel selbst entscheiden und tun können. Dies sind wichtige Grundlagen dafür, dass Kinder sich auch außerhalb der Familie positiv weiterentwickeln können – und zwar umso mehr, wenn das Prinzip «Freiheit in Grenzen» auch dort Geltung hat.

8 Überleben in schwierigen Situationen: Zwölf Erziehungstipps

Tipp 1: Stärken Sie das Positive

Genießen Sie die Einzigartigkeit ihres Kindes und seine Besonderheiten. Nehmen Sie sich Zeit für Ihr Kind und räumen sie dieser Zeit eine hohe Priorität in Ihrem Leben ein. Seien Sie wirklich *«präsent»* und *aufmerksam*, wenn sie mit Ihrem Kind zusammen sind. Und vor allem: *Tun Sie gemeinsam Dinge*, die Ihrem Kind und Ihnen selbst *Spaß* machen. Darüber hinaus: *Achten* Sie auf das *Positive* bei Ihrem Kind, d. h. die vielen Situationen, in denen sich Ihr Kind so verhält, wie Sie es sich wünschen und gern sehen. *Registrieren* Sie diese «Selbstverständlichkeiten» und *melden* Sie Ihrem Kind *zurück*, dass Sie sich über sein positives Verhalten freuen. All dies festigt die Beziehung zu Ihrem Kind.

Tipp 2: Klären Sie Ihre Erziehungsstrategie

Was ist Ihnen für die Erziehung Ihres Kindes wirklich wichtig? Was wollen Sie ihm mit auf den Weg geben? Wie wollen Sie ihre *Erziehungsziele* im Alltag konkret umsetzen? Holen Sie sich gegebenenfalls *Anregungen* aus Ratgeberbüchern, Fernseh- und Rundfunksendungen, Elternkursen und natürlich auch aus diesem DVD-Elterncoach. Im Übrigen gibt es im Internet unter www.freiheit-in-grenzen.org weitere Informationen zum Erziehungskonzept «Freiheit in Grenzen».

Entscheiden Sie dann selbst, was Sie von diesen Anregungen in Ihre eigene Erziehungsstrategie übernehmen wollen. Und wenn sie in einer Partnerschaft leben: *Klären* Sie auch mit Ihrem Partner oder Ihrer Partnerin Ihre Erziehungsgrundsätze. Das ist wichtig, damit Sie als Eltern *solidarisch* sind und mit einer Zunge sprechen.

Tipp 3: Kontrollieren Sie Ihren Ärger

Ärger ist eine wichtige Gefühlsregung, die signalisiert, dass etwas nicht in Ordnung ist. Wenn der Ärger jedoch Überhand nimmt, *beeinträchtigt* er die Fähigkeit, *klar und vernünftig* zu denken. Was können Sie tun, wenn Sie – ausgelöst durch das Verhalten Ihres Kindes – übermäßigen Ärger empfinden? Das Wichtigste ist:

Handeln Sie erst, nachdem sie Ihren «Adrenalinspiegel» gesenkt haben. Hier ein paar Tipps zur schnellen *Ärgerbewältigung*:

- *Atmen* Sie ein paar Mal tief durch.
- *Zählen* sie von 1 bis 10.
- Stellen Sie sich vor, welchen Wert Sie gerade auf Ihrem «*Ärgerthermometer*» (von 0 bis 100) haben.
- Stellen Sie sich vor, Sie haben den Fernseher angeschaltet und *sehen sich selbst*, wie Sie gerade agieren.
- Nehmen Sie sich eine «*Auszeit*». Sagen Sie z. B. «Ich bin jetzt ziemlich wütend und brauche etwas Zeit zum Abkühlen. In fünf Minuten können wir weiter über die Sache sprechen.» Nutzen Sie dann diese Zeit, um sich auf Ihre *Erziehungsstrategie* (siehe Tipp 2) zu besinnen.

Probieren Sie aus, was für Sie am Besten geeignet ist.

Tipp 4: Achten Sie auf direkte und verschlüsselte Botschaften

Es gibt Situationen, in denen *Ihr Kind ein Problem* hat und dann Ihre Hilfe benötigt. Gehen Sie auf jeden Fall unmittelbar darauf ein, wenn Ihr Kind sein Problem *direkt* anspricht (z. B. wenn es mit seinen Hausaufgaben nicht zurecht kommt oder wenn es einen Freund bzw. eine Freundin nicht sehen will). Versuchen Sie dann, zusammen mit Ihrem Kind, das Problem zu besprechen und eine Lösung zu finden.

Schwieriger ist es, wenn Ihr Kind auf *verschlüsselte Weise* zeigt, dass es ein Problem hat. Erkennbar ist dies an seiner *momentanen Stimmungslage* (z. B. wenn Ihr Kind gereizt reagiert oder bedrückt ist) oder an *dem, was es sagt* (z. B. «Der Lehrer ist blöd» oder «Die Anja ist eine doofe Kuh»). *Greifen* Sie die Stimmungslage bzw. die Worte Ihres Kindes auf und versuchen Sie, mit ihm gemeinsam herauszufinden, was dahinter steckt. *Unterstützen* Sie dann Ihr Kind dabei, eine Lösung für sein Problem zu finden.

Tipp 5: Seien Sie kurz, präzise und positiv

Wenn Sie von Ihrem Kind etwas Bestimmtes wollen (z. B. wenn es in seinem Zimmer spielt und zum Essen kommen soll), gehen Sie zu Ihrem Kind und vergewissern Sie sich, dass es hört, was Sie zu sagen haben. Sagen Sie *mit wenigen Worten*, was Sie wollen. Sagen Sie *genau*, was sie wollen, und sagen Sie es in einer *positiven Weise* (z. B. «In fünf Minuten ist das Essen fertig. Solange kannst Du noch spielen. Komm dann runter zum Essen. Wasch dir aber bitte vorher noch die Hände.»). Lassen Sie sich – wenn Sie auf Nummer sicher gehen wollen – von Ihrem Kind noch einmal *bestätigen*, was Sie gesagt haben, und holen Sie seine *Zustimmung* ein.

Tipp 6: Reden und handeln Sie respektvoll

Vergessen Sie nicht Ihre *guten Manieren* – auch wenn Ihnen «der Kamm schwillt», weil Ihr Kind nicht tut, was Sie wollen. Kontrollieren Sie Ihren *Ärger* (siehe Tipp 3) und behandeln Sie Ihr Kind *in Worten und Taten mit Respekt* – so wie Sie es auch bei einem Erwachsenen tun würden, der Ihnen etwas bedeutet. Sagen Sie Ihrem Kind, was Ihnen an seinem *Verhalten* nicht passt – und zwar ohne es durch Schimpfen, Drohen oder Beleidigen als *Person* abzuwerten. Vor allem: *Handeln* Sie auch respektvoll, d. h. ohne demütigende Strafen oder gar körperliche Gewalt.

Tipp 7: Sprechen Sie von sich selbst

Geben Sie Ihrem Kind zu verstehen, wie Ihnen *innerlich zumute* ist – vor allem dann, wenn Sie sich durch sein Verhalten herausgefordert fühlen. Dies ist eine wichtige Voraussetzung dafür, dass ihr Kind sein Verhalten ändern kann. Sprechen Sie *offen* Ihren Ärger aus und *erklären* Sie Ihrem Kind, warum Sie ärgerlich sind. Sagen Sie ihm dann, was Sie sich in der Zukunft anders wünschen. Zum Beispiel: «Ich bin stocksauer und total im Stress, weil Du Dich nicht an die vereinbarte Zeit gehalten hast und ich jetzt zu spät zu meinem Termin komme. Ich möchte, dass Du in Zukunft pünktlich bist.»

Ein anderer Anlass, von sich selbst zu sprechen, sind *Entschuldigungen*. Wenn Sie Ihrem Kind gegenüber mal *überreagiert* haben, fällt Ihnen «kein Zacken aus der Krone», wenn Sie sich bei ihm dafür entschuldigen. Erklären Sie ihm, warum Sie so aufgebracht gewesen sind und dass Sie sich vornehmen, in Zukunft weniger heftig zu reagieren. Ihr Kind lernt dadurch, dass auch *Eltern nur Menschen* sind und dass *negative Emotionen* zum Leben dazu gehören.

Tipp 8: Lassen Sie Ihr Kind entscheiden

Geben Sie Ihrem Kind so häufig wie möglich die Gelegenheit, selbst zwischen verschiedenen Alternativen zu entscheiden. Sie vermitteln damit Ihrem Kind die Erfahrung, dass es *Wahlmöglichkeiten* hat und für seine *Entscheidungen selbst verantwortlich* ist – und darüber hinaus auch für die *Konsequenzen*, die sich daraus ergeben. Zum Beispiel: Ihr Kind will ein bestimmtes Spielzeug unbedingt und sofort haben. Sie aber möchten dafür – aus welchen Gründen auch immer – kein Geld ausgeben. Sie können dann Ihr Kind *entscheiden* lassen, ob es das Spielzeug von seinem Taschengeld kaufen will oder nicht – mit den entsprechenden Konsequenzen für das verbleibende Taschengeld.

Tipp 9: Verwenden Sie Regeln und Absprachen

Führen Sie eine *Regel* ein oder treffen Sie mit Ihrem Kind eine *Absprache*, wenn es Ihnen wichtig ist, dass Ihr Kind sich in bestimmter Weise verhält. Zum Beispiel, wenn es darum geht, die Hausaufgaben zu erledigen oder für ein Haustier zu sorgen. Machen Sie Ihrem Kind klar, dass Regeln zwar nicht ewig gelten, aber auch nicht einseitig außer Kraft gesetzt werden können. Führen Sie zusammen mit Ihrem Kind *neue Absprachen* ein, wenn es die Umstände erfordern und unterstützen Sie Ihr Kind dabei, dass es sich auch tatsächlich an Absprachen halten kann. Schließlich: Kündigen Sie *Konsequenzen* für den Fall an, dass Ihr Kind sich nicht an eine Regel oder Vereinbarung hält (siehe Tipp 10).

Tipp 10: Seien Sie konsequent mit Konsequenzen

Manche Konsequenzen – sog. *natürliche Konsequenzen* – ergeben sich unmittelbar aus dem Verhalten Ihres Kindes (z. B. wenn es morgens getrödelt hat und zu spät in die Schule kommt). Auch wenn es schwer fällt: Lassen Sie Ihr Kind die Erfahrung machen, welche Konsequenzen sein Verhalten hat und fahren Sie es nicht in letzter Minute noch schnell in die Schule. Auch im Falle einer von Ihnen angekündigten sog. *logischen Konsequenz*, ist es wichtig, dass Sie diese dann – wenn nötig – auch wirklich umsetzen. Zum Beispiel: Wenn Ihr Kind entgegen der Regel im Wohnzimmer Fußball spielt und Sie ihm zuvor klar gemacht haben, dass in diesem Fall der Ball für einen Tag weggesperrt wird, dann müssen Sie das auch tun.

Eine besondere und nur zum sparsamen Gebrauch empfohlene Konsequenz ist die sog. *«Auszeit»*. *Informieren* Sie Ihr Kind im *Voraus*, dass Sie es bei *bestimmten Verhaltensweisen* (z. B. Schlagen, Beißen, Haare ziehen) für eine *festgelegte Zeit* (Faustregel: so viele Minuten wie Ihr Kind alt ist) auf sein Zimmer schicken werden. Setzen Sie die «Auszeit» konsequent durch, wenn Ihr Kind tatsächlich *körperliche Gewalt* anwendet. Gehen Sie danach nicht weiter auf den Vorfall ein und kehren Sie wieder zum üblichen Umgang mit Ihrem Kind zurück.

Tipp 11: Nehmen Sie sich Zeit für sich selbst

Erziehung ist ein anstrengendes und zeitintensives Geschäft. Machen Sie ab und zu mal «Urlaub» von Ihrem Kind und gönnen Sie sich selbst etwas Gutes. Arrangieren Sie eine *zuverlässige Betreuung* für Ihr Kind und genießen Sie dann die Zeit, die Sie *ganz für sich* haben – was immer Sie in dieser Zeit auch tun. Sie tanken dadurch Kraft, die nicht zuletzt auch wieder Ihrem Kind zugute kommt. Wenn Sie in einer Partnerschaft leben, gilt das Gleiche: Nehmen Sie sich zusammen mit Ihrem Partner bzw. Ihrer Partnerin eine «Auszeit» von Ihrem Kind und tun Sie gemeinsam etwas nur für Ihre *Zweisamkeit als Paar.* Auch das kommt Ihrem Kind zugute, vor allem aber auch Ihrer Partnerschaft.

Tipp 12: Holen Sie sich Rat und Unterstützung

Es kann Lebensumstände geben, die es Ihnen schwer machen, mit Ihrem Kind zurecht zu kommen. Sei es, dass Ihr Kind über die üblichen Alltagsprobleme hinaus in seinem *Verhalten bzw. seiner Entwicklung auffällig* ist. Sei es, dass andere Umstände wie *Krankheit, Partnerkonflikte, berufliche oder finanzielle Probleme* Sie belasten. Fehlt dann auch noch die *Unterstützung* in Ihrem persönlichen Umfeld, wächst der *Erziehungsstress* gewaltig. Wenn dies der Fall ist, scheuen Sie sich nicht, *kompetenten Rat und Unterstützung* von außen zu holen. Es spricht für Ihre persönliche Reife und Ihr Verantwortungsbewusstsein, wenn Sie die Dinge nicht einfach laufen lassen. Wenn Sie *professionelle Unterstützung* brauchen, nehmen Sie am Besten mit einer *Erziehungsberatungsstelle* in Ihrer Nähe Kontakt auf. Über mögliche *Adressen* können Sie sich u. a. im *Internet* informieren. Die Deutsche Arbeitsgemeinschaft für Jugend- und Eheberatung e. V. bietet unter www.dajeb.de/suchmask.htm einen «Beratungsführer online» an, über den – orientiert an den Postleitzahlen – deutschlandweit entsprechende Beratungsstellen für spezielle Probleme recherchiert werden können. Gleiches gilt auch für das Verzeichnis der Erziehungs- und Familienberatungsstellen der Bundeskonferenz für Erziehungsberatung unter www.bke.de/ratsuchende.htm (siehe auch den «Adressenpool» im Anhang, S. 187/188).

9 Was sagen die anderen zur «Freiheit in Grenzen»-DVD?

Im Mai 2005 wurden über E-Mail 904 Nutzer der mit der vorliegenden DVD inhaltsgleichen CD-ROM «Freiheit in Grenzen» angeschrieben und gebeten, einen kurzen Fragebogen mit geschlossenen und offenen Fragen zu beantworten. 226 Teilnehmer füllten den Fragebogen vollständig aus.

Zunächst die wichtigsten Ergebnisse im Überblick:

- Über die Hälfte der Befragten verwenden die CD-ROM im professionellen und ein Drittel im privaten Kontext als Elternperson.
- Auf die CD-ROM aufmerksam wurden die Befragten vor allem durch die Presse, das Internet, Freunde und Bekannte sowie diverse andere Quellen.
- Folgende Aspekte der CD-ROM bewerten die Befragten als *nützlich* oder *sehr nützlich*
  67 % → Unterstützung der Eltern bei der Erziehung
  69 % → Kommentar zu den einzelnen Lösungsvarianten
  70 % → Erziehungstipps
  51 % → Begleitheft (lag der CD-ROM bei)
- 94 % der Befragten würden die CD-ROM weiterempfehlen, 6 % sind unentschieden.

Die folgenden Seiten geben die Auswertung ausgewählter Fragen in graphischer Darstellung wieder.

Frage: «In welchem Kontext verwenden Sie die CD-ROM?»

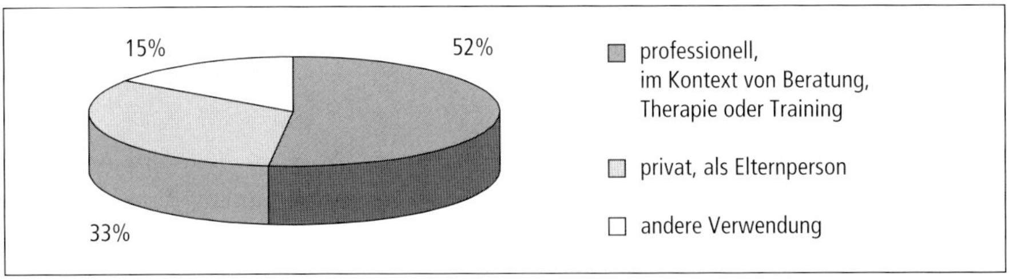

Abbildung 18: Umfrageergebnis «In welchem Kontext verwenden Sie die CD-ROM?»

Frage: «Auf welche Weise sind Sie auf die CD-ROM aufmerksam geworden?»

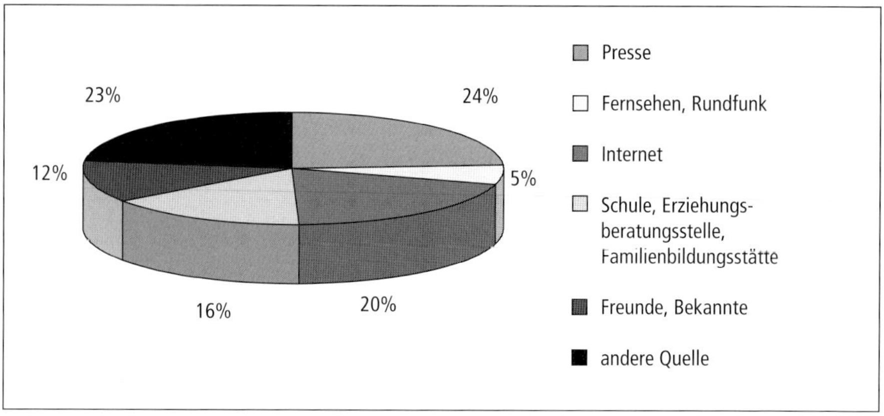

Abbildung 19: Umfrageergebnis «Auf welche Weise sind Sie auf die CD-ROM aufmerksam geworden?»

Frage: «Wie nützlich war die CD-ROM für Sie bezogen auf folgende Aspekte?»

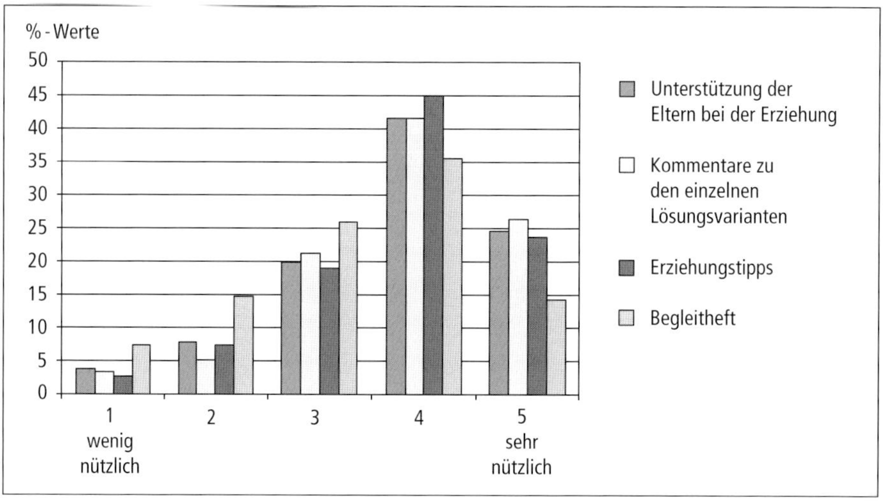

Abbildung 20: Umfrageergebnis «Wie nützlich war die CD-ROM für Sie bezogen auf folgende Aspekte?»

Frage: «Würden Sie die CD-ROM weiterempfehlen?»

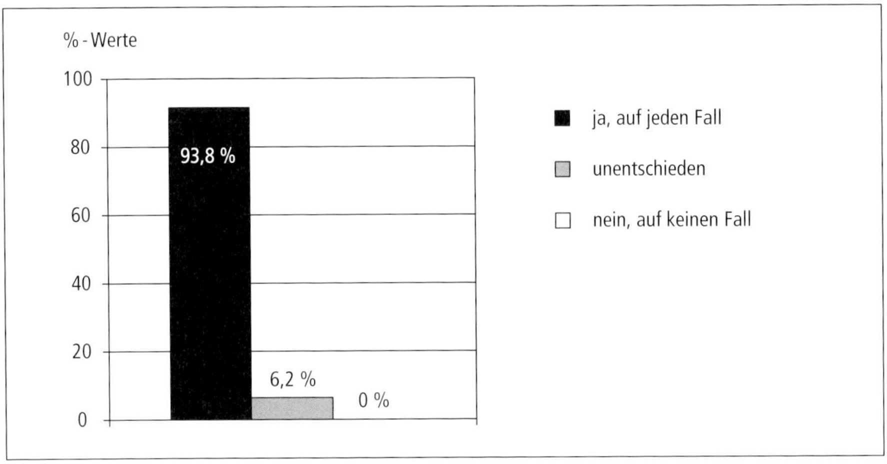

Abbildung 21: Umfrageergebnis «Würden Sie die CD-ROM weiterempfehlen?»

Abschließend sollen noch kurz die wichtigsten Ergebnisse zu der offenen Frage «Was gefällt Ihnen gut an der CD-ROM?» vorgestellt werden. Hierzu konnten die antwortenden Personen mehrere Punkte nennen. Die Auswertung erfolgte in Anlehnung an die Methodik der qualitativen Inhaltsanalyse (Mayring, 2007), wobei die wichtigsten Oberkategorien nochmals in einzelne Unterkategorien aufgeteilt wurden.

Die **Abbildung 22** zeigt zunächst sechs Oberkategorien, von denen zwei («Restkategorie» und «Nicht relevante Textpassagen») keine weitere Beachtung finden.

Frage: «Was gefällt Ihnen gut an der CD-ROM?»

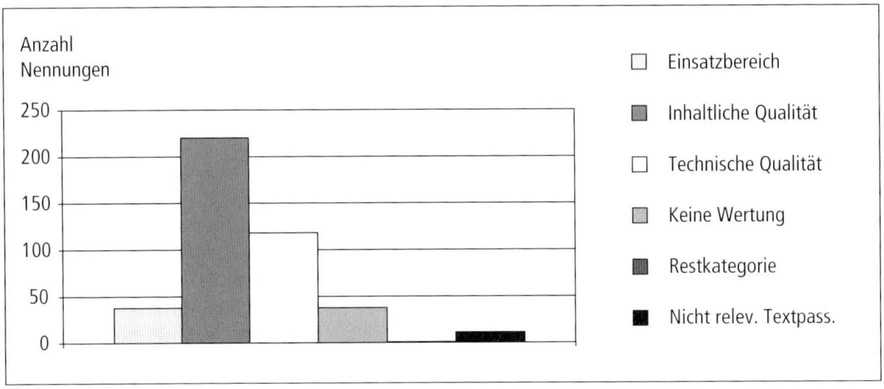

Abbildung 22: Umfrageergebnis «Was gefällt Ihnen gut an der CD-ROM?»

Die bei Weitem größte Zahl an Nennungen vereint die Kategorie «Inhaltliche Qualität» auf sich (220 Nennungen). An zweiter Stelle folgt mit 118 Nennungen die Kategorie «Technische Qualität».

Eine differenzierte Betrachtung der Oberkategorie «Inhaltliche Qualität» zeigt unter Einbeziehung diverser Unterkategorien, dass vor allem die Auswahl der Erziehungssituationen, der Realitätsbezug der einzelnen Szenarien und die Einbettung der verschiedenen Lösungsalternativen in eine gut nachvollziehbare und theoretisch fundierte Handlungslehre besonders geschätzt wurden. Bezüglich der Oberkategorie «Technische Qualität» ergab sich aus den Unterkategorien, dass vor allem die Verständlichkeit im Sinne einer klaren Struktur und anschaulichen Sprache positiv hervorgehoben wurde. Besonders angetan waren die Nutzer von der hohen Professionalität der CD-ROM-Produktion und den überzeugenden schauspielerischen Leistungen.

10 Einsatzmöglichkeit des DVD-Elterncoachs im professionellen Kontext

Vor dem Hintergrund der in diesem Buch dargestellten theoretischen Inhalte und unter Einsatz der Selbsttests und Reflexionsübungen kann der DVD-Elterncoach auch im Rahmen von Elterntrainings eingesetzt werden.

Wir empfehlen, einen Kurs mit vier Terminen, die im wöchentlichen Abstand für die Dauer von jeweils ca. 2,5-3 Stunden stattfinden. Die Teilnehmerzahl sollte 8 Paare bzw. 16 Teilnehmer nicht überschreiten.

Im Folgenden finden Sie die in vier Module unterteilten Ablaufpläne (Trainerleitfaden) mit Hinweisen zur Gestaltung der einzelnen Termine und Angaben zu den jeweils benötigten Materialien. Die Zeitangaben in Minuten sind als Orientierungswerte zu verstehen und können je nach Bedarf der Teilnehmer individuell angepasst werden. (Tabellen 7 bis 14).

Tabelle 7: Trainerleitfaden Modul 1/1

Modul 1			
Zeit	**Thema**	**Methode**	**Material**
5	Begrüßung der Teilnehmer Vorstellung des Referenten Organisatorisches	Stuhlkreis, Moderation	Poster Ablaufplan
15	Vorstellungsrunde der Teilnehmer	Stuhlkreis, Leitfragen: «Wer sind Sie?» «Warum sind Sie hier?» «Welche Erwartungen an den Kurs bringen Sie mit?»	Namensschilder Stifte
15	Theoretische Einführung: Freiheit in Grenzen – was ist das? Die drei Erziehungsprinzipien	Vortrag (orientiert sich an den Kapiteln 1 und 2 des Buches)	Buch, Konzeptpapier Poster Abbildung 3 «Drei Erziehungsprinzipien» Technik je nach Vortragsart
15	Selbsttest «Erziehungswerte»	Einführung, Selbsttest 1 bearbeiten, Auswertung/Nachbetrachtung (Statements sammeln und stichpunktartig notieren)	Kopien Selbsttest 1 Tabelle 2 + Auswertungstext Stifte Flipchart/Tafel
40	Die drei Erziehungsprinzipien: ▲ Elterliche Wertschätzung ▲ Fordern und Grenzensetzen ▲ Gewähren und Fördern von Eigenständigkeit	Kartenabfrage zu den drei Dreiecken der FIG-Pyramide Leitsätze: «Worin äußert sich…?» «Was bedeutet für Sie…?»	Moderationskarten in drei Farben Stifte Pinnwand
		Anheften der Karten an Pinnwand, dabei Zuordnung zu den drei Dreiecken mit Moderation, theoretischer Untermauerung, Erklärungen/Ergänzungen evtl. Diskussion	Poster Abbildung 2 «Die ‹Freiheit in Grenzen›-Pyramide» Buch, Konzeptpapier
20	Pause		Getränke, Knabbersachen

Notizen:

Tabelle 8: Trainerleitfaden Modul 1/2

Zeit	Thema	Methode	Material
50	Ausgangssituation 1: «Nach Hause kommen – oder: Wo warst du so lange?»	Film zeigen	DVD + Abspielgerät, Fernseher/Beamer Reflexionsübungen 5–11 Stifte Flipchart/Tafel
	«Was haben Sie wahrgenommen?» «Wie würden Sie jetzt spontan reagieren?»	Statements sammeln, notieren, diskutieren (z. B. in Paararbeit)	
	Lösungsvariante A	Film zeigen	
	«Was ist passiert?» «Wie verhält sich der Vater?» «Was lernt Thomas?»	Statements sammeln, notieren, diskutieren	
	Lösungsvariante B	Film zeigen	
	«Was ist passiert?» «Wie verhält sich der Vater?» «Was lernt Thomas?»	Statements sammeln, notieren, diskutieren	
	Lösungsvariante C	Film zeigen	
	«Was ist passiert?» «Wie verhält sich der Vater?» «Was lernt Thomas?»	Statements sammeln, notieren, diskutieren	
10	Übung für zu Hause	Selbsttests: «Erziehungsgrundsätze» «Erziehungsverhalten»	Selbsttests 2, 3 Tabellen 3, 4 mit Auswertungstexten in Kopie mitgeben
	Abschlussrunde	Stuhlkreis, Blitzlicht Abschließende Worte Kursleiter Verabschiedung mit Hinweis auf nächste Sitzung	Materialmappen mit Kopien der Abbildungen 2, 3

Notizen:

Tabelle 9: Trainerleitfaden Modul 2/1

Modul 2

Zeit	Thema	Methode	Material
5	Begrüßung, Organisatorisches	Stuhlkreis, Moderation	Poster Ablaufplan
20	Fragen zur letzten Einheit – Nachbetrachtung Modul 1 Hausaufgabe besprechen Wiederholung der drei Erziehungsprinzipien	Stuhlkreis, Blitzlicht Kurzvortrag (orientiert sich an den Kapiteln 1 und 2 des Buches) Überleitung zu den Reflexionsübungen zu Erfahrungen in der Herkunftsfamilie	Selbsttests 2, 3 «Erziehungsgrundsätze» «Erziehungsverhalten» Tabellen 3, 4 mit Auswertungstexten Poster Abbildung 2 «Die ‹Freiheit in Grenzen›-Pyramide»
30	Reflexionsübung: Erfahrungen in der Herkunftsfamilie: • Wertschätzung • Grenzen • Eigenständigkeit	Reflexionsübungen bearbeiten Blitzlicht, Auswertung/Nachbetrachtung, Diskussion	Reflexionsübungen 1–3
15	Funktionen von Elternschaft	Statements sammeln – bereits beim Notieren bzgl. der 3 Funktionen «unbemerkt» sortieren	Flipchart/Tafel
20	Theorie: Drei Funktionen von Elternschaft	Vortrag (orientiert sich an den Kapiteln 3.1, 3.2 des Buches) Überschriften an Tafel hinzufügen	Buch, Konzeptpapier Technik je nach Vortragsart «Wolken» mit den Überschriften, Tesafilm
20	Pause		Getränke, Knabbersachen

Notizen:

Tabelle 10: Trainerleitfaden Modul 2/2

Zeit	Thema	Methode	Material
50	Ausgangssituation 2: «Aufräumen – oder: So ein Saustall!»	Film zeigen	DVD + Abspielgerät, Fernseher/Beamer Reflexionsübungen 12–18 Stifte Flipchart/Tafel
	«Was haben Sie wahrgenommen?» «Wie würden Sie jetzt spontan reagieren?»	Statements sammeln, notieren, diskutieren (z. B. in Paararbeit)	
	Lösungsvariante A	Film zeigen	
	«Was ist passiert?» «Wie verhalten sich die Eltern?» «Was lernen Katharina und Thomas?»	Statements sammeln, notieren, diskutieren	
	Lösungsvariante B	Film zeigen	
	«Was ist passiert?» «Wie verhalten sich die Eltern?» «Was lernen Katharina und Thomas?»	Statements sammeln, notieren, diskutieren	
	Lösungsvariante C	Film zeigen	
	«Was ist passiert?» «Wie verhalten sich die Eltern?» «Was lernen Katharina und Thomas?»	Statements sammeln, notieren, diskutieren	
10	Übung für zu Hause	Selbsttest: «Elternallianz»	Selbsttest 4 Tabelle 5 mit Auswertungstext in Kopie mitgeben
	Abschlussrunde	Stuhlkreis, Blitzlicht Abschließende Worte Kursleiter Verabschiedung mit Hinweis auf nächste Sitzung	Abbildung 4 in Kopie mitgeben

Notizen:

Tabelle 11: Trainerleitfaden Modul 3/1

Modul 3			
Zeit	**Thema**	**Methode**	**Material**
5	Begrüßung, Organisatorisches	Stuhlkreis, Moderation	Poster Ablaufplan
15	Fragen zur letzten Einheit – Nachbetrachtung Modul 2, Hausaufgabe besprechen, Wiederholung der Funktionen von Elternschaft	Stuhlkreis, Blitzlicht Kurzvortrag (orientiert sich an den Kapiteln 3.1 und 3.2 des Buches) Überleitung zur Reflexionsübung Erziehungswerte	Selbsttest 4 Tabelle 5 mit Auswertungstext Poster Abbildung 4 «Funktionen von Elternschaft»
30	Reflexionsübung – Erziehungswerte «Was meine ich mit: Ich will nur das Beste für mein Kind?»	Einführung, Reflexionsübung bearbeiten, Statements sammeln, auf Karten schreiben und vorlesen lassen, Auswertung/Nachbetrachtung, Diskussion	Moderationskarten Stifte Reflexionsübung 4
10	Erfolgsfertigkeiten	Zuordnung der gesammelten Statements zu Erfolgsfertigkeiten (Kapitel 3.4, Tabelle 6)	Pinnwand Poster Tabelle 6 «Erfolgsfertigkeiten»
30	Theorie: Herausfordernde Familientänze überleben Methoden des Grenzensetzens	Vortrag (orientiert sich an dem Kapitel 3.4 des Buches)	Buch, Konzeptpapier Technik je nach Vortragsart Poster Abbildung 6 «Methoden des Grenzensetzens»
20	Pause		Getränke, Knabbersachen

Notizen:

Tabelle 12: Trainerleitfaden Modul 3/2

Zeit	Thema	Methode	Material
50	Ausgangssituation 3: «Geschwisterstreit – oder: Das ist meins!»	Film zeigen	DVD + Abspielgerät, Fernseher/Beamer Reflexionsübungen 19–25 Stifte Flipchart/Tafel
	«Was haben Sie wahrgenommen?» «Wie würden Sie jetzt spontan reagieren?»	Statements sammeln, notieren, diskutieren (z. B. in Paararbeit)	
	Lösungsvariante A	Film zeigen	
	«Was ist passiert?» «Wie verhält sich der Vater?» «Was lernen Katharina und Thomas?»	Statements sammeln, notieren, diskutieren	
	Lösungsvariante B	Film zeigen	
	«Was ist passiert?» «Wie verhält sich der Vater?» «Was lernen Katharina und Thomas?»	Statements sammeln, notieren, diskutieren	
	Lösungsvariante C	Film zeigen	
	«Was ist passiert?» «Wie verhält sich der Vater?» «Was lernen Katharina und Thomas?»	Statements sammeln, notieren, diskutieren	
10	Übung für zu Hause	Selbsttest: «Problembesitz»	Selbsttest 5 Abbildung 5 in Kopie mitgeben
	Abschlussrunde	Stuhlkreis, Blitzlicht Abschließende Worte Kursleiter Verabschiedung mit Hinweis auf nächste Sitzung	Tabelle 6 Abbildung 6 in Kopie mitgeben

Notizen:

Tabelle 13: Trainerleitfaden Modul 4/1

Modul 4			
Zeit	**Thema**	**Methode**	**Material**
5	Begrüßung, Organisatorisches	Stuhlkreis, Moderation	Poster Ablaufplan
15	Fragen zur letzten Einheit – Nachbetrachtung Modul 3, Hausaufgabe besprechen, Wiederholung der «Herausfordernden Familientänze» und «Methoden des Grenzensetzens»	Stuhlkreis, Blitzlicht Kurzvortrag (orientiert sich an dem Kapitel 3.4 des Buches)	Selbsttest 5 «Problembesitz» mit Auswertung Abbildung 5
20	Theorie: Zwölf Erziehungstipps	Vortrag (orientiert sich an dem Kapitel 8 des Buches)	Buch, Konzeptpapier Technik je nach Vortragsart
50	Ausgangssituation 4: «Supermarkt – oder: Kann ich das haben?»	Film zeigen	DVD + Abspielgerät, Fernseher/Beamer Reflexionsübungen 26–32 Stifte Flipchart/Tafel
	«Was haben Sie wahrgenommen?» «Wie würden Sie jetzt spontan reagieren?»	Statements sammeln, notieren, diskutieren (z. B. in Paararbeit)	
	Lösungsvariante A	Film zeigen	
	«Was ist passiert?» «Wie verhält sich die Mutter?» «Was lernt Katharina?»	Statements sammeln, notieren, diskutieren	
	Lösungsvariante B	Film zeigen	
	«Was ist passiert?» «Wie verhält sich die Mutter?» «Was lernt Katharina?»	Statements sammeln, notieren, diskutieren	
	Lösungsvariante C	Film zeigen	
	«Was ist passiert?» «Wie verhält sich die Mutter?» «Was lernt Katharina?»	Statements sammeln, notieren, diskutieren	
20	Pause		Getränke, Knabbersachen

Notizen:

Tabelle 14: Trainerleitfaden Modul 4/2

Zeit	Thema	Methode	Material
5	Theorie: Der rote Faden: Vom Verhalten zum Erziehungsstil	Vortrag (orientiert sich an dem Kapitel 7 des Buches)	Buch, Konzeptpapier
50	Ausgangssituation 5: «Hausaufgaben – oder: Ich kann das nicht!»	Film zeigen	DVD + Abspielgerät, Fernseher/Beamer Reflexionsübungen 33–39 Stifte Flipchart/Tafel
	«Was haben Sie wahrgenommen?» «Wie würden Sie jetzt spontan reagieren?»	Statements sammeln, notieren, diskutieren (z. B. in Paararbeit)	
	Lösungsvariante A	Film zeigen	
	«Was ist passiert?» «Wie verhält sich die Mutter?» «Was lernt Thomas?»	Statements sammeln, notieren, diskutieren	
	Lösungsvariante B	Film zeigen	
	«Was ist passiert?» «Wie verhält sich die Mutter?» «Was lernt Thomas?»	Statements sammeln, notieren, diskutieren	
	Lösungsvariante C	Film zeigen	
	«Was ist passiert?» «Wie verhält sich die Mutter?» «Was lernt Thomas?»	Statements sammeln, notieren, diskutieren	
15	Abschlussrunde	Stuhlkreis, Blitzlicht Feedback Abschließende Worte Kursleiter Verabschiedung	Adressenpool Kapitel 8 «Zwölf Erziehungstipps» in Kopie mitgeben

Notizen:

Literatur

Amelang, M. (2000). Anlage- (und Umwelt-)Faktoren bei Intelligenz- und Persönlichkeitsmerkmalen. In M. Amelang (Hrsg.), *Enzyklopädie der Psychologie. Differentielle Psychologie und Persönlichkeitsforschung* (Bd. 4, S. 49–128). Göttingen: Hogrefe.

Asendorpf, J. (1994). Entwicklungsgenetik der Persönlichkeit. In K. A. Schneewind (Hrsg.), *Enzyklopädie der Psychologie. Pädagogische Psychologie* (Bd. 1, S. 107–135). Göttingen: Hogrefe.

Baumert, J. (Hrsg.) (2001). Pisa 2000. *Basiskompetenzen von Schülerinnen und Schülern im internationalen Vergleich.* Opladen: Leske & Budrich.

Baumrind, D. (1971). Current patterns of parental authority. *Developmental Psychology Monographs, 4,* 1–102.

Böhmert, B. (2008). *Junge Familien in der Ehe-, Familien- und Lebensberatung. Beratungseffekte bei Eltern und ihre Auswirkungen auf die Eltern-Kind-Interaktion.* Saarbrücken: VDM Verlag Dr. Müller.

Borba, M. (1999). *Parents do make a difference.* San Francisco, CA: Josey-Bass.

Bowlby, J. (1969). *Attachment and loss: Vol 1: Attachment.* New York: Basic Books.

Bradley, R. H. (1999). The home environment. In S. L. Friedman & T. D. Wachs (Eds.), *Measuring environment across the life span* (pp. 31–58). Washington, DC: American Psychological Association.

Brezinka, W. (1989). *Aufklärung über Erziehungstheorien.* München: Reinhardt.

Bronfenbrenner, U. (Ed.) (2005). *Making human beings human.* Thousand Oaks, CA: Sage.

Bundesministerium für Familie, und Senioren (BMFuS) (1994). *Fünfter Familienbericht. Familien und Familienpolitik im geeinten Deutschland – Zukunft des Humanvermögens.* Bonn: Bundestagsdrucksache 12/7560.

Bundesministerium für Familie, Senioren, Frauen und Jugend (BMFSFJ) (Hrsg.) (1995). *Kinder- und Jugendhilfegesetz (Achtes Buch Sozialgesetzbuch)* (7. A.). Filderstadt: W. E. Weinmann GmbH.

Bundesministerium für Familie, Senioren, Frauen und Jugend (BMFSFJ) (2006). *Siebter Familienbericht. Familie zwischen Flexibilität und Verlässlichkeit.* Berlin: Bundestagsdrucksache 16/1360.

Bundeskriminalamt (2007). PKS-Zeitreihen für den Zeitraum von 1987–2006. Verfügbar unter: *www.bka.de/pks/zeitreihen/index.html*

Clark, M. S. & Mills, J. (1993). The Difference between Comunal and Exchange Relationships: What it is and is not. *Personality and Social Psychology Bulletin, 19,* 684–691.

Cohen, D. B. (1999). *Strangers in the nest.* New York: Wiley.

Coles, R. (1998). *Moralische Intelligenz oder Kinder brauchen Werte.* Reinbek: Rowohlt.

Collins, W. A., Maccoby, E., Steinberg, L., Hetherington, E. M. & Bornstein, M. (2000). Contemorary research on parenting: The case for nature and nurture. *American Psychologist, 55,* 218–232.

Cummings, E. M. & Davies, P. T. (1994). *Children and marital conflict. The impact of familydispute and resolution.* New York: Guilford Press.

De Wolff, M. S. & van Ijzendoorn, M. H. (1997). Sensitivity and attachment: A meta-analysis on parental antecedents of infant attachment. *Child Development, 68,* 571–591.

Domke, H. (1997). Gar nicht erzogen – und doch ausgezeichnet erzogen. Überlegungen zur Gestaltung familialer Bedingungen des Aufwachsens. In H. Macha & L. Mauermann (Hrsg.), *Brennpunkte der Familienerziehung* (S. 74–97). Weinheim: Deutscher Studienverlag.

ELTERN-Gruppe (2002). *Familienanalyse 2002.* Paderborn: Media-Print.

Erikson, E. (1973). *Kindheit und Gesellschaft.* Stuttgart: Klett.

Fromm, E. (1989). *Psychoanalyse und Ethik. Bausteine zu einer humanistischen Charakterologie.* Gesamtausgabe. (Band II, S.1–157). München: Deutscher Taschenbuch Verlag.

Fuhrer, U. (2007). *Erziehungskompetenz. Was Eltern und Familien stark macht.* Bern: Verlag Hans Huber.

Gaschke, S. (2001). *Die Erziehungskatastrophe.* Stuttgart: Deutsche-Verlags-Anstalt.

Gerster, P. & Nürnberger, C. (2001). *Der Erziehungsnotstand.* Berlin: Rowohlt.

Gloger-Tippelt, G. (2000). Familienbeziehungen und Bindungstheorie. In K. A. Schneewind (Hrsg.). *Familienpsychologie im Aufwind.* Göttingen: Hogrefe.

Gordon, T. (1982) *Familienkonferenz.* Hamburg: Hoffmann & Campe.

Grossmann, K. E. & Grossmann, K. (2004). *Bindungen – das Gefüge psychischer Sicherheit* (3. Aufl.). Stuttgart: Klett-Cotta.

Hahlweg, K. & Miller, Y. (2001). Prävention von emotionalen Störungen und Verhaltensauffälligkeiten bei Kindern. In B. Rill & C. Rummel (Hrsg.). *Elternverantwortung und Generationenethik in einer freiheitlichen Gesellschaft* (S. 43–51). Argumente und Materialien zum Zeitgeschehen 30. München: Hanns-Seidel-Stiftung e. V.

Harris, J. R. (1995). Where ist the child's environment? A group socialization theory of development. *Psychological Review, 102,* 458–489.

Harris, J. R. (2000). *Ist Erziehung sinnlos? Die Ohnmacht der Eltern.* Reinbek: Rowohlt.

Hurrelmann, K. & Unverzagt, G. (1998). *Kinder stark machen für das Leben.* Freiburg: Herder.

Hurrelmann, K. & Albert, M. (2006). *Jugend 2006. 15. Shell Jugendstudie. Eine pragmatische Jugend unter Druck.* Frankfurt a. M: Fischer.

Kucklick, E. (2002). Die hohe Kunst des Helfens. *GEO, 4,* 126–154. Landscheidt, K. (2001). Das Lehrerurteil bei der Früherkennung von Kindern mit Verhaltensstörungen. *Psychologie in Erziehung und Unterricht, 48,* 107–119.

Landscheidt, K. (2001). Das Lehrerurteil bei der Früherkennung von Kindern mit Verhaltensstörungen. *Psychologie in Erziehung und Unterricht, 48,* 107–119.

Langness, A., Leven, I. & Hurrelmann, K. (2006). In Shell Deutschland Holding (Hrsg.), *Jugend 2006. Eine pragmatische Generation unter Druck* (S. 49–102). Frankfurt a.M.: Fischer Verlag.

Lüscher, K. (1989). Von der ökologischen Sozialisationsforschung zur Analyse familialer Aufgaben und Leistungen. In R. Nave-Herz & M. Markefka (Hrsg.), *Handbuch der Familien- und Jugendforschung. Band 1: Familienforschung* (S. 95–112). Neuwied: Luchterhand.

Maccoby, E. E. (2002). Parenting effects: Issues and controversies. In J. G. Borkowski, S. L. Ramey & M. Bristol-Power (Eds.), *Parenting and the child's world: Influences on academic, intellectual, and social-emotional development* (pp. 35–46). Mahwah, NJ: Erlbaum.

MacKenzie, R. J. (1998). *Setting limits* (2nd ed.). Rocklin, CA: Prima Publishing.

Mayring, P. (2007). *Qualitative Inhaltsanalyse. Grundlagen und Techniken* (9. A.). Weinheim: Beltz.

NICHD Early Child Care Research Network (Ed.) (2005). *Child care and child development: Results of the NICHD study of early child care and youth development.* New York: Guilford.

Parke, R. D. & Buriel, R. (2006). Socialization in the family: Ethnic and ecological perspectives. In N. Eisenberg (Vol. Ed.), *Handbook of child development: Vol. 3, Social, emotional, and personality development* (6th ed., pp. 429–504). Hoboken, NJ: Wiley.

Petermann, F. (2002). *Lehrbuch der klinischen Kinderpsychologie und -psychotherapie.* Göttingen: Hogrefe.

Resch, F. (2001). Der Einfluss gesellschaftlicher Rahmenbedingungen auf die kindliche Entwicklung. In K. Gebauer & G. Hüther (Hrsg.), *Kinder brauchen Wurzeln* (S. 90–106). Düsseldorf: Walter Verlag.

Robert Koch-Institut (Hrsg.) (2006). *Erste Ergebnisse der KiGGs-Stude zur Gesundheit von Kindern und Jugendlichen in Deutschland.* Druck: druckpunkt. Druckerei und Repro GmbH.

Rogers, C. R. (1976). *Entwicklung der Persönlichkeit.* Stuttgart: Klett-Cotta.

Rowe, D. C. (1997). *Genetik und Sozialisation.* Weinheim: Psychologie Verlags Union.

Scarr, S. (1992). Developmental theories for the 1990s: Development of individual differences. *Child Development, 63,* 1–19.

Schäfers, B. (1990). *Gesellschaftlicher Wandel in Deutschland.* Stuttgart: Enke.

Schmid, W. (2000). *Schönes Leben? Einführung in die Lebenskunst.* Frankfurt a. M: Suhrkamp.

Schneewind K. A. & Ruppert, S. (1995). *Familien gestern und heute: ein Generationenvergleich über 16 Jahre.* München: Quintessenz.

Schneewind, K. A. (2002a). Freiheit in Grenzen – Wege zu einer wachstumsorientierten Erziehung. In H.-G. Krüsselberg & H. Reichmann (Hrsg.), *Zukunftsperspektive Familie und Wirtschaft. Vom Wert von Familie für Wirtschaft, Staat und Gesellschaft* (S. 213–262). Grafschaft: Vektor-Verlag.

Schneewind, K. A. (2002b). «Freiheit in Grenzen» – die zentrale Botschaft zur Stärkung elterlicher Erziehungskompetenz. In H.-G. Krüsselberg & H. Reichmann (Hrsg.), *Zukunftsperspektive Familie und Wirtschaft. Vom Wert von Familie für Wirtschaft, Staat und Gesellschaft* (S. 393–404). Grafschaft: Vektor-Verlag.

Schneewind, K. A. (2008a). «Freiheit in Grenzen» – Plädoyer für ein integratives Konzept zur Stärkung von Elternkompetenzen. In M. Cierpka (Hrsg.). *Möglichkeiten der Gewaltprävention* (2. Aufl., S. 177–205). Göttingen: Vandenhoeck & Ruprecht.

Schneewind, K. A. (2008b). Sozialisation in der Familie. In K. Hurrelmann, M. Grundmann & S. Walper (Hrsg.), *Handbuch der Sozialisationsforschung* (S. 207–224). Weinheim: Beltz.

Sears, W. & Sears, M. (1995). *The discipline book.* Boston: Little Brown & Company.

Smolka, A. (2007). Welchen Orientierungsbedarf haben Eltern? In K. Wahl & K. Hees (Hrsg.), *Helfen «Super Nanny» und Co.?* (S. 44–58). Berlin: Cornelsen Verlag Scriptor.

Trudewind, C. (1975). *Häusliche Umwelt und Motiventwicklung.* Göttingen: Hogrefe.

Wetzels, P. (1997). *Gewalterfahrungen in der Kindheit.* Baden-Baden: Nomos.

Wissenschaftlicher Beirat für Familienfragen (2005). *Familiale Erziehungskompetenzen. Beziehungsklima und Erziehungsleistungen in der Familie als Problem und Aufgabe.* München: Juventa.

Quellen zu den Selbsttests:

Elternallianz:

Abidin, R. R. & Brunner, J.F. (1995). Development of a Parenting Alliance Inventory. *Journal of Clinical Child Psychology, 24,* 31–40. (Übersetzung des Fragebogens durch K.A. Schneewind).

Erziehungswerte:

Köhne, C.I. (2003). *Familiale Strukturen und Erziehungsziele zu Beginn des 21. Jahrhunderts.* Unveröffentlichte Dissertation an der Universität Duisburg-Essen.

Paezold, B. (1988). *Familie und Schulanfang.* Bad Heilbrunn: Klinkhardt.

Erziehungseinstellungen:

Hubmann, S. (2005). *Konstruktion und Evaluation eines Fragebogens zur Erfassung von Erziehungsstilen.* Unveröffentlichte Dissertation an der Universität Freiburg.

Erziehungsverhalten:
Jaursch, S. (2003). *Erinnertes und aktuelles Erziehungsverhalten von Müttern und Vätern: Intergenerationale Zusammenhänge und kontextuelle Faktoren.* Unveröffentlichte Dissertation an der Universität Erlangen-Nürnberg.

Literaturempfehlungen:

Eine ausführliche Beschreibung und Begründung des Erziehungsprinzips «Freiheit in Grenzen» mit einer Fülle weiterführender Literaturhinweise findet sich in:

Schneewind, K. A. (2002). Freiheit in Grenzen – Wege zu einer wachstumsorientierten Erziehung. In H.-G. Krüsselberg & H. Reichmann (Hrsg.), *Zukunftsperspektive Familie und Wirtschaft. Vom Wert von Familie für Wirtschaft, Staat und Gesellschaft* (S. 213–262). Grafschaft: Vektor-Verlag.

Eine als Botschaft formulierte Kurzfassung des Erziehungsprinzips «Freiheit in Grenzen» ist in demselben Band enthalten:

Schneewind, K. A. (2002). «Freiheit in Grenzen» – die zentrale Botschaft zur Stärkung elterlicher Erziehungskompetenz. In H.-G. Krüsselberg & H. Reichmann (Hrsg.), *Zukunftsperspektive Familie und Wirtschaft. Vom Wert von Familie für Wirtschaft, Staat und Gesellschaft* (S. 393–404). Grafschaft: Vektor-Verlag

Darüber hinaus kann im Internet unter www.freiheit-in-grenzen.org folgender Beitrag herunter geladen werden:

Schneewind, K.A. (2003). *«Freiheit in Grenzen» – Begründung eines integrativen Medienkonzepts zur Stärkung elterlicher Erziehungskompetenzen.* München: Department Psychologie der Universität München.

Adressenpool

Im Folgenden finden Sie in alphabetischer Reihenfolge eine Auswahl an Internetadressen rund um das Thema Erziehung, Eltern und Kinder. Diese enthalten nützliche Hinweise und Anregungen, u. a. Linksammlungen, Online-Portale, Beratungsangebote sowie eine Reihe weiterführender Informationen für Eltern und Kinder.

Arbeiterwohlfahrt	www. awo.de
Arbeitskreis neue Erziehung e. V.	www.ane.de
Beziehung? Beratung! Beate Böhmert	www.beziehung-beratung.de
Bundesarbeitsgemeinschaft Familienbildung und Beratung	www.familienbildung.de
Bundesministerium für Familie, Senioren, Frauen und Jugend	www.bmfsfj.de
Bündnis für Familie	www.bff-nbg.de
Coaching für Eltern	www.coaching-fuer-eltern.de
Das Gordon-Training	www.gordontraining.de
Das Online-Familienhandbuch	www.familienhandbuch.de
Der Deutsche Caritasverband e. V.	www.caritas.de
Der große Themen- und Webkatalog	www.hallofamilie.de
Deutsche Arbeitsgemeinschaft für Jugend- und Eheberatung e. V. – Beratungsführer Online	www.dajeb.de/suchmask.htm
Deutscher Kinderschutzbund e. V.	www.kinderschutzbund.de
Deutsches Familienrechtsforum e. V.	www.welt-des-familienrechts.de
Deutsches Kinderhilfswerk	www.dkhw.de
Die Kinderschutzzentren	www.kinderschutz-zentren.de
Eheseelsorge.net – Der optimistische Ansatz zur Ehe und Familie	www.eheseelsorge.net
Elterntelefon	www.elterntelefon.org
Erziehungskurs	www.kess-erziehen.de
Evangelisches Zentralinstitut für Familienberatung	www.ezi-berlin.de/das-zentralinstitut.htm

Familie und Gewalt: Menschen würdig erziehen	www.aksb.de/familie-und-gewalt/
Familienportal des Freiburger Zeitschriften- und Buchverlags Family Media GmbH & Co. KG.	www.familie.de
Fernsehprogrammberatung für Eltern	www.flimmo.tv
«Freiheit in Grenzen» Homepage	www.freiheit-in-grenzen.org
Freizeit aktiv für die ganze Familie	www.fftw.de
Freizeittipps für Eltern und Kinder	www.mamilade.de
Informationen und Tipps bei Lernproblemen	www.lernfoerderung.de
Interaktive DVD zur Paarkommunikation	www.institutkom.de
Internet-Angebot der AOK	www.starke-eltern.de
Internet-Notruf Deutschland e. V.	www.schülernotruf.de
Internetportal	www.kidsgo.de
Katholische Bundeskonferenz für Ehe-, Familien- und Lebensberatung	www.katholische-eheberatung.de
Kinderportal	www.kinderportal.de
Leih-Omas und Leih-Opas	www.leihomas-leihopas.de
Linksammlung	www.familie-deutschland.de
Mütterzentren Bundesverband e. V.	www.muetterzentren-bv.de
Onlineauftritt der Zeitschrift Eltern	www.eltern.de
Onlineportal für Eltern und alle Fragen rund ums Spielen	www.spielundzukunft.de
Portal für eine kinderfreundliche Zukunft	www.aktiv-fuer-kinder.de
Projekt «Eltern stark machen»	www.eltern-stark-machen.de
Ratgeber der öffentlichen Kinder- und Jugendhilfe	www.elternimnetz.de
Suchmaschine für Eltern	www.elternlink.de
Tagesmütter Bundesverband für Kinderbetreuung in Tagespflege e. V.	www.tagesmuetter-bundesverband.de
Telefonberatung	www.kinderundjugendtelefon.de
TelefonSeelsorge in Deutschland	www.telefonseelsorge.de
Trainingsprogramm für Eltern	www.instep-online.de
Triple P – Das positive Erziehungsprogramm	www.triplep.de
Trotzalter	www.trotzalter.de
Vaeter e. V.	www.vaeter.de
Verband alleinerziehender Mütter und Väter	www.vamv-berlin.de/links.htm
Verband berufstätiger Mütter	www.berufstaetige-muetter.de
Verzeichnis der Erziehungs- und Familienberatungsstellen der Bundeskonferenz für Erziehungsberatung	www.bke.de/ratsuchende.htm

Bitte beachten Sie, dass für die Inhalte der genannten Internetseiten ausschließlich deren Betreiber verantwortlich sind und die Autoren des Elterncoachs trotz sorgfältiger Auswahl und Prüfung keinerlei Haftung übernehmen.

Sachwortregister

Abbildungsverzeichnis

Tabellenverzeichnis

Reflexionsübungsverzeichnis

Selbsttestverzeichnis

Was ist auf der beiliegenden DVD?

Die interaktive DVD für Eltern mit Grundschulkindern enthält eine Fülle von Filmbeispielen, Erläuterungen und Tipps zur Stärkung elterlicher Erziehungskompetenzen.

Am Beispiel einer ganz «normalen Familie» mit Grundschulkindern – bestehend aus Mutter und Vater Berner, ihrer 7-jährigen Tochter Katharina und ihrem 10-jährigen Sohn Thomas – werden fünf typische Erziehungsszenarien dargestellt. In allen fünf Fällen gibt es eine Ausgangssituation, auf die die Eltern in unterschiedlicher Weise reagieren. Jeweils drei dieser Möglichkeiten werden gezeigt und dann im Einzelnen erläutert. Abschließend folgt für jede der Lösungsvarianten noch ein Fazit, in dem zusammengefasst wird, wie sich die Eltern verhalten und was ihre Kinder dabei lernen. Insgesamt also einiges an Anregungen zum Thema Erziehung von Grundschulkindern.

In diesem Sinne: Viel Spaß mit der DVD.

Systemvoraussetzungen und wie man die DVD startet

Zum Abspielen dieser DVD benötigen Sie einen normalen DVD-Player mit Fernseher, bzw. einen Computer mit eingebautem DVD-Player. Nach dem Einlegen der DVD in den DVD-Player und dem Ablauf des kurzen Vorspanns hilft Ihnen eine einfache Menüführung beim individuellen Navigieren durch die Fülle an Filmbeispielen, Erläuterungen und Tipps zur Stärkung elterlicher Erziehungskompetenzen.

Diese DVD ist dafür programmiert, auf einem Standard DVD-Player zu funktionieren. Deshalb wird der einwandfreie Ablauf der DVD nur auf einem herkömmlichen DVD-Player garantiert.